Annette Wolter

Lauter Lieblingssuppen

Reizvolle Rezepte:
Tomatensuppe mit Kräutern, Minestrone, Zwiebelsuppe, Ungarische Gulaschsuppe und viele mehr

GU
Gräfe und Unzer

Umschlag-Vorderseite:
Eine Tomatensuppe schmeckt im Sommer aus frischen, vollreifen Tomaten am besten. Rezept Seite 17.
2. Umschlagseite: Zu der milden Säure der Griechischen Zitronensuppe paßt sehr gut eine Einlage aus Hühnerfleisch. Rezept Seite 46.
3. Umschlagseite: Die Französische Zwiebelsuppe wird vor dem Servieren mit Käse überbacken. Man benötigt dazu feuerfeste Suppentassen oder -teller. Rezept Seite 52.
Farbfotos: Fotostudio L'Eveque Harry Bischof (Seite 10, 19, 20, 29, 30, 40), Susi und Pete A. Eising (Seite 9, 39), Fotostudio Teubner (Umschlag-Vorderseite, 2. und 3. Umschlagseite)

Annette Wolter

gehört zu den führenden Kochbuch-Autoren im deutschen Sprachraum. Seit zwei Jahrzehnten sind Kochen und Haushalt ihr Ressort. Annette Wolter begann als Mitarbeiterin großer Frauenzeitschriften. Heute ist sie anerkannte Expertin im Bereich Küche und Keller, Autorin erfolgreicher Kochbücher und mehrfache Preisträgerin der »Gastronomischen Akademie Deutschlands«.

CIP-Kurztitelaufnahme der Deutschen Bibliothek

Wolter, Annette:
Lauter Lieblingssuppen: reizvolle Rezepte: Tomatensuppe mit Kräutern, Minestrone, Zwiebelsuppe, ungar. Gulaschsuppe u. viele mehr / Annette Wolter. – 1. Aufl. – München: Gräfe und Unzer, 1987.
(GU-Küchen-Ratgeber)
ISBN 3-7742-5850-3

1. Auflage 1987
© Gräfe und Unzer GmbH, München

Redaktion: Cornelia Schinharl
Herstellung: Johannes Schmidt-Thomé
Zeichnungen: Gerlind Bruhn
Umschlaggestaltung: Heinz Kraxenberger
Satz und Druck: Appl, Wemding
Reproduktion: Bernd'amour, Simhart GmbH & Co.
Bindung: R. Oldenbourg

ISBN: 3-7742-5850-3

Sie finden in diesem Buch

Ein Wort zuvor

Eine Suppe stimmt den Magen freundlich, heißt es im Volksmund. Und sie ist in der Tat ein stimulierender Auftakt einer Mahlzeit, Stärkung bei kleinem Appetit, herzhafter Ausgleich vor einem süßen Hauptgericht oder deftige Grundlage vor oder nach Mitternacht bei fröhlichen Festen. Wenn Sie mit diesem Suppen-Ratgeber schnell die richtige Suppe für einen bestimmten Anlaß finden möchten, orientieren Sie sich am besten über das Inhaltsverzeichnis. Hier finden Sie kräftige Bouillons mit feinen und sättigenden Einlagen, reizvolle Gemüsesuppen, feine Fisch-, Fleisch- und Geflügelsuppen, deftige Suppen mit Getreide und Hülsenfrüchten wie die Bündner Gerstensuppe und berühmte Suppen. Zu letzteren gehören unter anderen Minestrone, Zwiebelsuppe oder Ungarische Gulaschsuppe.

Diese bunte Mischung wird Ihnen sicher gefallen. Wie breit die Palette der Suppen in diesem Küchen-Ratgeber ist, beweisen die brillanten Farbfotos. Schritt-für-Schritt-Aufnahmen sowie zahlreiche Tips und informative Zeichnungen werden Ihnen die Zubereitung der Suppen erleichtern.

Schenken Sie bei der Auswahl der Suppe auch den Nährwertangaben, die Sie bei jedem Rezept finden, Ihre Aufmerksamkeit. Denn die Angaben über den Gehalt an Eiweiß, Fett und Kohlenhydraten helfen Ihnen, eine ausgewogene Mahlzeit zusammenzustellen.

Bei der Wahl der Suppe sollte auch immer die Frage ausschlaggebend sein: »Was gibt's davor, was gibt's danach?« Es kann ein reichhaltiges Hauptgericht, eine Süßspeise oder beides geben, wenn die Suppe kalorienarm ist. Wenn sie jedoch sehr nahrhaft ist, genügt entweder ein frischer Salat als Vorspeise oder ein leichtes Dessert aus Quark und Obst.

Für Suppen gibt es keine festen Regeln. Erlaubt ist, was gut schmeckt! Mögen Sie ein bestimmtes Gemüse nicht, ersetzen Sie es durch ein Produkt Ihrer Wahl. Gerade Suppen lassen sich nach Herzenslust variieren. Als Vorspeise rechnet man pro Person etwa ⅛ l Suppe, als Hauptgericht ¼ bis ⅜ l.

Wenn Sie ein Menü planen, ist für Sie sicher auch noch folgendes zu wissen wichtig: Reichen Sie als Auftakt einer Speisenfolge eine Gemüsesuppe, sollte dasselbe Gemüse nicht mehr in den folgenden Gerichten auftauchen; ebenso kein Lamm als Hauptgericht, wenn es beispielsweise schon die Suppe bereichert. Ist Reis der Hauptbestandteil einer Suppe, so sollte dieser auch nicht mehr in anderer Form im geplanten Menü auftauchen.

Auch die Farben spielen eine Rolle in der Komposition einer Speisenfolge, selbst wenn es nur zwei- oder dreigängige Menüs sind. So wäre eine Tomatensuppe fehl am Platz, wenn es auch noch einen Tomatensalat gibt und eine Weißkohlsuppe mit Speck paßt wirklich nicht gut zu Weißkohlrouladen.

Nun wünsche ich Ihnen Freude beim Ausprobieren und guten Appetit für meine Lieblingssuppen.

Ihre Annette Wolter

Wichtiges für Suppenköche

Eine Suppe gehört oft zum täglichen Brot. In manchen Regionen der Welt war und ist es ein großes Glück, wenn beides einander zu einer sättigenden Mahlzeit ergänzt. Zu allen Zeiten hat die Suppe auf der ganzen Welt einen hohen Stellenwert bei der Wahl der täglichen Nahrung eingenommen; denn eine Suppe läßt sich aus vielen Nahrungsmitteln wie Fisch, Fleisch, Geflügel, Getreide, Gemüse und Obst zubereiten. Unzählige Suppenideen, teils bäuerlicher Herkunft, teils inspiriert durch die höfischen Küchen oder die feine Gastronomie, gehören noch heute zu den begehrten Gaumenfreuden.

Eine Suppe gewinnt ihren Wert nicht zuletzt durch die Inhaltsstoffe der verwendeten Zutaten. Sie alle ergeben den gewünschten Geschmack, aber auch einen besonderen Reichtum an unterschiedlichen Nährwerten. Alles, was in Wasser gekocht wird, gibt Geschmacksstoffe und andere Substanzen an das Wasser ab und macht es dadurch zur Brühe, gleichgültig, ob dies durch Auskochen von Knochen, Fleisch, Geflügel, Fisch, Gräten und Flossen, Krebsschalen, Gemüse oder Hülsenfrüchten geschieht. Gibt ein Nahrungsmittel nur wenig Geschmacksstoffe an die Brühe ab, so gleicht man diesen Mangel aus, indem man mit geschmacksintensiven Extrakten nachwürzt wie zum Beispiel mit Fleisch- oder Gemüsebrühwürfeln, gekörnter Brühe oder Instant-Geflügelbrühe.

Einige Anmerkungen zum Kochen einer Suppe:

• Eine Bouillon, zu deutsch Fleischbrühe, spielt in der französischen Küche eine große Rolle. Bouillir heißt auf deutsch kochen. Wird in der deutschen Küche von Bouillon gesprochen, so geht man davon aus, daß diese selbst zubereitet wurde. Bouillons oder Fleischbrühen werden nicht nur für Suppen gebraucht, sondern auch für die Zubereitung von Saucen. Meist wird eine Bouillon aus Fleisch, Gemüse und Suppenknochen hergestellt. Man kann Fleischbrühe aber auch als Extrakt fertig kaufen, in Form von Paste, Würfeln, gekörnter Brühe oder Fleischbrühpulver.

• Legt man mehr Wert auf eine kräftige Brühe als auf ein Stück saftiges Fleisch, so setzt man das Fleisch mit kaltem Wasser auf und läßt es 2–3 Stunden leicht sprudelnd kochen. Die Poren des Fleisches schließen sich so nur allmählich und geben Fleischsaft und Inhaltsstoffe reichlich an die Brühe ab. Allerdings wird das Fleisch dabei trocken und kann anschließend höchstens noch fein zerkleinert für Farcen verwendet werden.

• Als Suppenfleisch sind besonders gut geeignet Schulter, Beinfleisch, Brustkern, Nacken, Querrippe, Bauchlappen und Ochsenschwanz vom Rind, Beinfleisch und Nacken vom Kalb, Suppenhühner, ältere Tauben und älteres Federwild, Fischabschnitte und Fleischteile von Wildbret, das nicht zum Braten oder Schmoren verwendet wird.

• Möchte man jedoch nicht nur eine kräftige Bouillon, sondern auch ein saftiges Fleisch erhalten, wird das Fleisch in das bereits kochende Wasser gegeben. So schließen sich die Fleischporen sehr rasch, und die meisten Inhaltsstoffe bleiben im Fleisch erhalten. Man kann es als Tellerfleisch oder auch für Eintöpfe verwenden.

• Während der ersten 30 Kochminuten muß der sich bildende Schaum auf einer Brühe wiederholt mit dem Schaumlöffel abgeschöpft werden. Erst wenn sich kein Schaum mehr bildet, kann der Deckel auf den Topf gelegt werden, meist bleibt ein Spalt breit offen, damit der Dampf abziehen und Flüssigkeit verdampfen kann, wodurch ein würziger Extrakt zustande kommt.

• Wird Suppengrün oder anderes Gemüse für die Suppe benötigt, so ist es wichtig, ob das Gemüse seine Geschmacks- und Inhaltsstoffe an die Brühe abgeben soll oder ob man das Gemüse später als Bestandteil der Suppe mitverzehren will. Im ersten Fall wird das geputzte und grob zerkleinerte Gemüse bereits nach dem Abschäumen zur Brühe gegeben. Am Ende der Garzeit drückt man es leicht aus und wirft es dann weg. Soll das Gemüse Bestandteil der Suppe bleiben, so schneidet man es in gleich große Stücke und gart diese in den letzten 15–20 Minuten in der Suppe mit.

• Gemüse oder auch Kräuter, die nur aus geschmacklichen Gründen in der Suppe gegart werden, kann man gut mit Küchengarn zu einem Sträußchen oder Bündel zusammenbinden und so am einfachsten später wieder entfernen.

• Für eine Bouillon ist eine Zwiebel nicht nur geschmacksgebende Komponente, sondern sie gibt auch Farbstoff. Man entfernt von der ganzen Zwiebel nur die lockere Außenschale, wäscht die Zwiebel, halbiert sie und kocht sie mit den braunen Schalen. Die Schalen geben dann Farbstoffe an die Brühe ab. Noch mehr Farbstoffe erzielt man, wenn man die halbierte Zwiebel mit der Schnittseite nach unten auf der heißen Herdplatte leicht anröstet und dann in die Brühe gibt. Die andere Zwiebelhälfte kann mit 1 Lorbeerblatt und 1 Gewürznelke gespickt als Würzmittel in der Suppe gegart werden.

Um der Brühe eine kräftige Farbe zu geben, wird eine halbierte Zwiebel auf der Herdplatte angeröstet und anschließend in der Brühe mitgekocht.

• Fett, das sich im Fleisch, in den Knochen oder unter der Haut befindet, geht während des Kochens in die Brühe über. Das Fett bildet zuletzt eine glänzende Schicht auf der Suppe und sollte sorgfältig mit einem Löffel abgeschöpft werden. Will man eine fast fettfreie Brühe gewinnen, läßt man sie völlig erkalten und hebt das erstarrte Fett dann von der Oberfläche ab. Reste vom Fett können durch Sieben entfernt werden.

• Soll eine klare Bouillon nur mit feinen Einlagen serviert werden, so wird sie vorher geklärt. Hierzu verquirlt man je nach Flüssigkeitsmenge 2 bis 3 Eiweiße mit etwas kalter, entfetteter Brühe. Die restliche Brühe dann in einen großen Topf geben, das verquirlte Eiweiß in die Brühe rühren und die Suppe unter ständigem Rühren mit einem Schneebesen (das Rühren ist nötig, damit sich das Eiweiß nicht am Topfboden absetzen kann) erhitzen und das Eiweiß dabei stocken lassen. Das Eiweiß bindet alle Trübstoffe an sich und schwimmt zuletzt an der Oberfläche. Die Bouillon dann durch ein Sieb oder durch ein feines Tuch gießen, eventuell noch einmal kurz erhitzen und über die vorbereiteten Suppeneinlagen geben.

• Wird eine Bouillon durch Nudeln oder Reis ergänzt, so gart man diese gesondert in wenig Salzwasser, da sie sonst die Bouillon trüben würden.

• Frische, kleingeschnittene Kräuter immer erst vor dem Servieren über die Suppe streuen und niemals mitkochen lassen, damit sie ihr Aroma nicht verlieren. Ganze Kräuterzweige nur dann in einer Suppe mitkochen, wenn es ein besonderes Rezept aus geschmacklichen Gründen erforderlich macht.

Geflügelbouillon

Sie ist auch als Geflügelbrühe oder Hühnerbrühe bekannt.

Zutaten für 4 Portionen:
1 Suppenhuhn von etwa 1,5 kg · 2 l Wasser ·
1½ Teel. Salz · 1 große Stange Lauch/Porree ·
1 große Möhre · 1 große Petersilienwurzel ·
1 Stange Staudensellerie · 1 mittelgroße
Zwiebel · 1 Zweig frisches Liebstöckel oder
½ Teel. getrocknetes Liebstöckel · 2 Eiweiße
Pro Portion etwa 220 kJ/50 kcal
4 g Eiweiß · 4 g Fett · 1 g Kohlenhydrate

- Vorbereitungszeit: etwa 20 Minuten
- Garzeit: etwa 3 Stunden

So wird's gemacht: Das Suppenhuhn innen und außen gründlich kalt abwaschen. Das Herz, die Leber und den Magen ebenfalls waschen und das Huhn mit den Innereien, dem Wasser und dem Salz zum Kochen bringen. • Wenn das Wasser sprudelnd kocht, die Hitze so weit zurückschalten, daß die Oberfläche sich nur noch leicht kräuselt. Während der ersten 30 Minuten wiederholt den sich bildenden Schaum von der Oberfläche abschöpfen. • Das Huhn danach halb zugedeckt weitere 2½ Stunden kochen lassen. • Vom Lauch die Wurzelenden und die dunkelgrünen Blattspitzen abschneiden, den Lauch längs halbieren, gründlich waschen und in fingerlange Stücke schneiden. Die Möhre und die Petersilienwurzel schälen oder schaben, waschen und grob kleinschneiden. Vom Staudensellerie die äußeren groben Fäden abziehen, die Stange waschen und in etwa 4 cm lange Stücke schneiden. • Von der Zwiebel nur die lockere Außenhaut, jedoch nicht alle braunen Schichten abnehmen, die Zwiebel waschen und halbieren. • Das gesamte Gemüse, die halbierte Zwiebel und den Liebstöckel nach 2 Stunden

Garzeit zur Suppe geben und mitgaren. • Die Hühnerleber 10 Minuten vor Ende der Garzeit in die Brühe geben und darin garen. • Die Brühe durch ein großes Sieb schütten und abkühlen

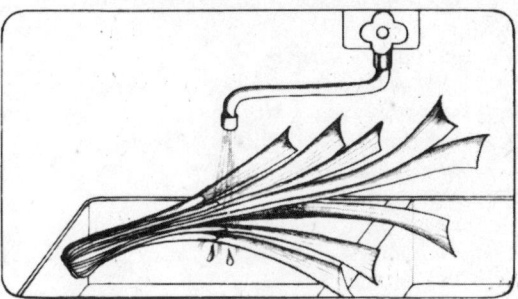

Lauch muß besonders gründlich unter fließendem Wasser gewaschen werden. Dabei die Blätter der aufgeschlitzten Stangen auseinanderbiegen.

lassen. • Von der kalten Bouillon das erstarrte Fett von der Oberfläche schöpfen und die Bouillon klären: Dazu die Eiweiße mit etwas kalter Bouillon verquirlen. Die Eiweiße mit der gesamten Bouillon in einen Topf geben und unter ständigem Rühren erhitzen. Das Eiweißgemisch bindet alle Trübstoffe an sich und kommt allmählich gestockt an die Oberfläche. • Die Brühe durch ein Sieb gießen und servieren.

> **Mein Tip** Man kann die Geflügelbouillon zuletzt mit dem Huhn und dem Gemüse im offenen Topf so weit einkochen lassen, daß nur noch eine geringe Menge Flüssigkeit übrig ist. Diesen Extrakt dann durch ein Sieb gießen, von den anderen Bestandteilen trennen, in einen Eiswürfelbehälter füllen und im Gefriergerät festfrieren lassen. Die Extraktwürfel dann einzeln verpacken und im Gefriergerät vorrätig halten.

Feine Bouillon

Dies ist der international bekannte Name für eine kräftige, selbstgekochte Fleischbrühe.

Zutaten für 4 Portionen:
400 g Suppenknochen · 600 g Rindfleisch (Nakken, Spannrippe oder Mittelbug) · 2 l Wasser ·
1 Teel. Salz · 2 Stangen Lauch/Porree ·
2 Möhren · 100 g Knollensellerie ·
2 Petersilienwurzeln · 1 Zwiebel ·
½ Lorbeerblatt · 2 Gewürznelken · 5 schwarze Pfefferkörner · 2–3 Eiweiße
Pro Portion etwa 130 kJ/31 kcal
2 g Eiweiß · 2 g Fett · 2 g Kohlenhydrate

● Vorbereitungszeit: etwa 30 Minuten
● Garzeit: etwa 2½ Stunden

So wird's gemacht: Die Knochen gründlich waschen, in einen Topf geben und von Wasser bedeckt zum Kochen bringen. Die Knochen 3 Minuten sprudelnd kochen lassen, dann in ein Sieb schütten. Die Knochenbrühe weggießen und den Topf sowie die Knochen gründlich kalt waschen, damit keine Knochensplitter zurückbleiben. • Das Rindfleisch ebenfalls kalt abspülen und mit den Knochen, dem Wasser und dem Salz zum Kochen bringen. Sobald das Wasser sprudelnd kocht, die Hitze reduzieren und den sich auf der Oberfläche bildenden Schaum mehrmals mit einem Schaumlöffel abnehmen. • Den Topf nach dem Abschäumen bis auf einen Spalt breit zudecken und die Brühe bei mittlerer bis schwacher Hitze leicht sprudelnd kochen lassen; dabei darf gut die Hälfte der Flüssigkeit verdampfen. • Vom Lauch die Wurzelenden und die dunkelgrünen Blattenden abschneiden, den Lauch längs halbieren, gründlich waschen und in grobe Stücke schneiden. Die Möhren schaben, waschen und ebenfalls in grobe Stücke schneiden. Den Sellerie schälen, waschen und

würfeln. Die Petersilienwurzeln ebenfalls schälen und grob kleinschneiden. • Von der Zwiebel die äußere lockere Schale abnehmen, aber nicht alle braunen Schalen entfernen. Die Zwiebel waschen, halbieren und eine Hälfte mit dem Lorbeerblatt und den Gewürznelken bestekken. • Das Gemüse mit der Zwiebel und den Pfefferkörnern nach 1½ Stunden Kochzeit in die Brühe geben und alles noch 1 Stunde köcheln lassen. • Nach Ende der Garzeit die Bouillon durch ein feines Haarsieb, am besten durch ein Mulltuch gießen und kalt werden lassen. • Das Gemüse und die Knochen wegwerfen. Das Fleisch nach Wunsch kleingeschnitten für einen Eintopf oder einen Salat verwenden. • Von der erkalteten Bouillon die Fettschicht auf der Oberfläche entfernen. • Die Eiweiße mit wenig Wasser verquirlen und mit der kalten Suppe in den Topf geben. Die Bouillon erhitzen, dabei ständig mit dem Schneebesen umrühren, um zu verhindern, daß sich das Eiweiß auf dem Topfboden absetzt. Die Bouillon unter Rühren zum Kochen bringen, wobei das Eiweiß stockt und alle Trübteilchen an sich bindet. Sobald das gestockte Eiweiß an der Oberfläche schwimmt, die Bouillon durch ein Haarsieb, am besten aber durch ein Mulltuch gießen, noch einmal erhitzen, abschmecken und servieren.

Die geröstete Grünkernsuppe ist schnell und problemlos zubereitet. Mit Frühlingszwiebeln schmeckt sie besonders gut. Rezept Seite 42. ▷

Mein Tip Die feine Bouillon wird selten ohne raffinierte Einlage serviert. Die Rezepte für feine Einlagen, die Sie auf den folgenden Seiten finden, können Sie immer mit dieser Bouillon kombinieren. Es lohnt sich außerdem, die Bouillon gleich in doppelter Menge herzustellen und für besondere Gelegenheiten im Gefriergerät vorrätig zu halten. Wenn Sie wenig Platz im Tiefkühlfach haben, können Sie die Suppe auch zu einem Extrakt einkochen lassen und später wieder verdünnen.

Bouillon mit Eierstich

Zutaten für 4 Portionen:
1 Teel. Öl · 2 Eier · ¾ l Fleischbrühe, selbst gekocht oder aus Würfeln · 2 Messerspitzen Salz · je 1 Messerspitze Muskatnuß, frisch gerieben und weißer Pfeffer, frisch gemahlen · eventuell beliebige Kräuter, frisch gehackt
Pro Portion etwa 270 kJ/64 kcal
4 g Eiweiß · 5 g Fett · 1 g Kohlenhydrate

● Zubereitungszeit: etwa 35 Minuten

◁ Die finnische Gemüsesuppe bekommt durch Garnelen oder Krebsschwänze ein besonders feines Aroma und eignet sich für festliche Anlässe. Rezept Seite 52.

So wird's gemacht: In einem großen Topf Wasser erhitzen. Ein kleines Förmchen mit dem Öl ausstreichen. ● Die Eier mit 2 Eßlöffeln Fleischbrühe, dem Salz, dem Muskat und dem Pfeffer verquirlen, in das Förmchen füllen und mit einem Deckel oder doppelt gefalteter Alufolie verschließen. ● Die Tasse in ganz leicht kochendes Wasser stellen und die Eiermasse in 25 Minuten zugedeckt stocken lassen. Der Wasserspiegel soll etwa so hoch sein wie der Spiegel der Eiermasse im Förmchen. ● Inzwischen die restliche Fleischbrühe erhitzen. ● Vor dem Stürzen der Eimasse die Festigkeit mit einem Messer prüfen. Den fertigen Eierstich etwas abkühlen lassen, auf ein Brett stürzen und mit einem Messer in gleich große Würfel oder Rauten schneiden. ● Den Eierstich in vier Suppentassen verteilen, mit der heißen Brühe übergießen und nach Belieben jede Portion mit Kräutern bestreut servieren.

Brühe mit Hirseklößchen

Zutaten für 4 Portionen:
200 g Magerquark · 2 Eier · 2 Eßl. Butter · 10 Eßl. Hirseflocken · ½–1 Teel. Kräutersalz · 2 Eßl. Schnittlauchröllchen · ¾ l Fleisch- oder Geflügelbrühe, selbst gekocht oder aus Würfeln · eventuell 1–3 Eßl. saure Sahne
Pro Portion etwa 1200 kJ/290 kcal
15 g Eiweiß · 15 g Fett · 24 g Kohlenhydrate

● Vorbereitungszeit: etwa 25 Minuten
● Garzeit: etwa 15 Minuten

So wird's gemacht: Den Quark in eine Schüssel geben. Die Eier in Eiweiße und Eigelbe trennen. Die Butter mit den Eigelben schaumig rühren, dann die Hirseflocken, das Salz und die Schnittlauchröllchen untermischen. Die Masse etwa

10 Minuten ruhen lassen. • Inzwischen die Eiweiße zu steifem Schnee schlagen. • Die
Fleisch- oder Geflügelbrühe zum Kochen bringen. • Die Hirsemasse auf Festigkeit prüfen und
nötigenfalls 1–3 Eßlöffel saure Sahne unter den
Teig mischen. Sollte der Teig jedoch zu weich
sein, noch einige Hirseflocken untermischen.
Den Eischnee unter den Teig heben. • Von der
Hirsemasse mit zwei in Wasser getauchten Teelöffeln kleine Klößchen abstechen, diese in die
kochende Brühe geben und bei schwächster
Hitze in 15 Minuten garziehen lassen.

Feine Gemüsebrühe

Sie ist die Grundlage für die meisten Suppen
der Vollwertküche.

Zutaten für 4 Portionen:
1 Zwiebel · 2 Petersilienwurzeln, möglichst mit
Blattgrün · 3 Möhren · 3 Stangen Lauch/
Porree · 250 g Knollensellerie · 2 Eßl. Öl ·
1 l Wasser · 1 Teel. Salz · 2 Eßl. Liebstöckel
oder Petersilie, frisch gehackt · nach Belieben
4 Eßl. Hefeflocken
Pro Portion etwa 54 kJ/13 kcal
0 g Eiweiß · 1 g Fett · 2 g Kohlenhydrate

● Vorbereitungszeit: etwa 30 Minuten
● Garzeit: etwa 40 Minuten

So wird's gemacht: Von der Zwiebel die locker
sitzende Außenhaut entfernen, die Zwiebel aber
nicht schälen, sondern waschen und halbieren.
Die Petersilienwurzeln und die Möhren schälen
oder schaben, waschen und in grobe Stücke
schneiden. Vom Lauch die dunkelgrünen Blattenden und die Wurzelenden abschneiden, die
Lauchstangen längs halbieren, gründlich waschen und in nicht zu kleine Ringe schneiden.
Den Sellerie schälen, gründlich waschen und in

Würfel schneiden. • Das Öl in einem großen
Topf erhitzen und alle Gemüsestücke mit den
Petersilienwurzeln und den Zwiebelhälften dar-
in von allen Seiten unter Rühren kurz anbra-

Sellerie wird vom Blatt- und Wurzelende sowie von
allen dunklen und schlechten Stellen befreit, dann in
Scheiben und diese in kleine Würfel geschnitten.

ten. • Das Wasser und das Salz hinzufügen und
das Gemüse zugedeckt bei mittlerer Hitze
40 Minuten kochen lassen. • Die Brühe durch
ein Sieb gießen und mit dem Liebstöckel oder
der Petersilie und nach Wunsch den Hefeflok-
ken bestreut servieren.

Bouillon mit Markklößchen

Zutaten für 4 Portionen:
2 altbackene Brötchen · 1 Tasse Milch ·
3 Markknochen · 1 Ei · ½ Teel. Salz · 1 gute
Messerspitze weißer Pfeffer, frisch gemahlen ·
etwa 8 Eßl. Mehl · ¾ l selbstgekochte
Fleischbrühe · etwa 8 Blättchen Basilikum, in
Streifen geschnitten
Pro Portion etwa 1105 kJ/260 kcal
8 g Eiweiß · 11 g Fett · 33 g Kohlenhydrate

● Vorbereitungszeit: etwa 30 Minuten
● Garzeit: etwa 10 Minuten

So wird's gemacht: Von den Brötchen die braune Rinde abschneiden, die Brötchen in Scheiben schneiden und mit der Milch übergießen. • Die Markknochen in einem trockenen Topf erhitzen, bis das Mark flüssig aus den Knochen tritt. Das Mark durch ein Sieb in eine Schüssel passieren. • Die Brötchen gut ausdrücken und mit dem Ei, dem Salz und dem Pfeffer unter das Mark mischen. So viel von dem Mehl unter die Masse mengen, daß ein knetbarer Teig entsteht. Diesen Teig zugedeckt 15 Minuten ziehen lassen. • Die Fleischbrühe erhitzen. • Aus der Markmasse walnußgroße Klößchen formen, in die schwach kochende Bouillon geben und in 10 Minuten garziehen lassen. • Die Markklößchen mit der Brühe in vier Suppentassen verteilen und mit dem Basilikum bestreuen.

Bouillon mit Gemüsejulienne

Zutaten für 4 Portionen:
2 mittelgroße Tomaten · je 1 grüne und gelbe Paprikaschote · 1 kleiner Zucchino · ⅜ l Fleischbrühe, selbst gekocht oder aus Würfeln · 2 Eßl. gemischte Kräuter, frisch gehackt
Pro Portion etwa 160 kJ/38 kcal
2 g Eiweiß · 1 g Fett · 6 g Kohlenhydrate

- Vorbereitungszeit: etwa 25 Minuten
- Garzeit: etwa 5 Minuten

So wird's gemacht: Die Tomaten waschen, abtrocknen und in dünne Streifen schneiden. • Die Paprikaschoten halbieren, von Stielansätzen, Rippen und Kernen befreien, die Schotenhälften waschen, abtrocknen, quer halbieren und die Stücke in streichholzdünne Streifen schneiden. Den Zucchino gründlich waschen, gut trockenreiben, den Stielansatz und das Blü-

tenende abschneiden, den Zucchino längs halbieren und die Hälften zunächst in streichholzdünne Scheiben und diese dann in Streifen schneiden. • Die Bouillon erhitzen. Die Gemüsejulienne darin 5 Minuten kochen lassen. • Die Bouillon mit den Kräutern bestreuen.

Bouillon mit Gemüseschöberl

Zutaten für 4 Portionen:
50 g Möhren · 50 g Paprikaschote · 50 g Champignons · 100 g feste Tomaten · 1 Eßl. Petersilie, frisch gehackt · 1 großes Ei · 1 Teel. Salz · 80 g Mehl · 4 Eßl. Milch · ¾ l heiße Fleischbrühe, selbst gekocht oder aus Würfeln
Für das Backblech: Butter
Pro Portion etwa 560 kJ/130 kcal
6 g Eiweiß · 4 g Fett · 19 g Kohlenhydrate

- Vorbereitungszeit: etwa 30 Minuten
- Backzeit: 10–15 Minuten

So wird's gemacht: Den Backofen auf 200° vorheizen. Das Backblech mit Butter ausfetten. • Das Gemüse gründlich waschen oder schälen, abtrocknen und in kleine Würfel schneiden. Die Gemüsewürfel mit der Petersilie mischen. • Das Ei in Eigelb und Eiweiß trennen. Das Eigelb schaumig rühren. Das Eiweiß mit dem Salz zu steifem Schnee schlagen. Den Eischnee über das Eigelb füllen, das Mehl darübersieben und alles mit der Milch zu einem geschmeidigen Teig vermengen. • Die Gemüsewürfel unter den Biskuit mischen, auf das vorbereitete Backblech streichen und auf der mittleren Schiene im Backofen in 10–15 Minuten goldgelb backen. • Den heißen Biskuit in kleine Rauten schneiden, vom Blech nehmen, in Suppentassen verteilen und mit der Fleischbrühe übergießen.

Schnelle Zucchinisuppe

Eine leichte Suppe, die durch ihren würzigen Geschmack überrascht.

Zutaten für 4 Portionen:
1 große Zwiebel · 2 Knoblauchzehen · 800 g möglichst kleine Zucchini · 2 Eßl. Öl oder Butterschmalz · ¾ l heiße Gemüsebrühe, selbst gekocht oder aus Würfeln · 1 Bund Dill · 1 Zweig frischer Estragon · 2 Teel. Speisestärke · 1 Eigelb · ⅛ l Sahne · je 1 Prise weißer Pfeffer, frisch gemahlen und Muskatnuß, frisch gerieben
Pro Portion etwa 1100 kJ/260 kcal
6 g Eiweiß · 19 g Fett · 17 g Kohlenhydrate

● Vorbereitungszeit: etwa 15 Minuten
● Garzeit: etwa 15 Minuten

So wird's gemacht: Die Zwiebel und die Knoblauchzehen schälen und feinwürfeln. Die Zucchini waschen, abtrocknen und von Stiel- und Blütenansatz befreien. Zwei Drittel der Zucchini schälen und in kleine Würfel schneiden. ● Das Fett erhitzen, die Zwiebel- und die Knoblauchwürfel unter Umrühren darin anbraten, aber nicht bräunen lassen. Die Zucchiniwürfel hinzufügen, ebenfalls kurz mitbraten, mit der Gemüsebrühe aufgießen und die Suppe zugedeckt bei schwacher Hitze 10 Minuten kochen lassen. ● Die Kräuter waschen, trockenschleudern und kleinschneiden. ● Die restlichen Zucchini ungeschält in kleine Würfel schneiden, in die Suppe geben und 3 Minuten mitkochen lassen. ● Die Speisestärke mit 1 Eßlöffel kaltem Wasser verrühren. Die Suppe mit der Speisestärke binden und einmal aufkochen lassen. ● Das Eigelb mit der Sahne verquirlen. Die Suppe vom Herd nehmen, die Eigelbsahne untermischen und die Suppe mit dem Pfeffer und dem Muskat abschmecken. Die Kräuter vor dem Servieren über die Suppe streuen.

Das paßt dazu: dünne Weißbrotscheibchen, mit Knoblauchbutter bestrichen und im Backofen knusprig braun gebacken.

Mein Tip Für festliche Gelegenheiten kann man die Suppe auch pürieren, in Suppentassen anrichten und jede Portion mit 1 Teelöffel Crème fraîche garnieren. Die Kräuter dann über die Crème fraîche streuen.

Weißkohlsuppe mit Speck

Ein herzhafter Magenwärmer für kalte Tage.

Zutaten für 4 Portionen:
800 g Weißkohl · 4 mittelgroße Kartoffeln · 1¼ l Fleisch- oder Gemüsebrühe, selbst gekocht oder aus Würfeln · 2 Teel. Kümmel · 50 g durchwachsener, geräucherter Speck · 1 Eßl. Öl · 1 Teel. Paprikapulver edelsüß · 2 Eßl. Petersilie, frisch gehackt
Pro Portion etwa 1100 kJ/260 kcal
7 g Eiweiß · 14 g Fett · 27 g Kohlenhydrate

● Vorbereitungszeit: etwa 15 Minuten
● Garzeit: etwa 30 Minuten

So wird's gemacht: Vom Weißkohl die äußeren schlechten Blätter entfernen, den Kohl waschen, vierteln, die Struntteile wegschneiden, und die Kohlviertel in etwa 2 cm breite Streifen schneiden. ● Die Kartoffeln schälen, kurz kalt abbrausen und in kleine Würfel schneiden. ● Die Fleisch- oder Gemüsebrühe zum Kochen bringen, den Kohl und die Kartoffeln in die Brühe geben. Den Kümmel hinzufügen und alles bei mittlerer Hitze zugedeckt 30 Minuten kochen lassen; die Kartoffeln sollen dabei zerfallen und die Suppe sämig machen. • Den Speck in Würfel schneiden. Das Öl erhitzen und die Speckwürfel darin knusprig ausbraten. • Die Suppe mit dem Paprikapulver abschmecken, mit den Speckwürfeln mischen und mit der Petersilie bestreut servieren.

> **Mein Tip** Wer die Suppe mit Gemüsebrühe zubereitet, weil er lieber fleischlos ißt, kann den Speck durch in Öl gebratene Sonnenblumenkerne ersetzen.

Broccolisuppe mit Croûtons

Bild Seite 20

Diese Suppe ist aromatisch und sättigend, ideal also vor einem beliebten Dessert.

Zutaten für 4 Portionen:
1 kg Broccoli · ½ Teel. Salz · 50 g Weißbrot ohne Rinde · 1 Knoblauchzehe · 2 Eßl. Butter ·
¾ l Milch · 1 Eßl. Speisestärke · weißer Pfeffer, frisch gemahlen · 4 Eßl. Crème fraîche
Pro Portion etwa 1600 kJ/380 kcal
16 g Eiweiß · 20 g Fett · 30 g Kohlenhydrate

● Vorbereitungszeit: etwa 20 Minuten
● Garzeit: etwa 30 Minuten

So wird's gemacht: Den Broccoli waschen, abtropfen lassen und alle Stiele kurz unter den Röschen abschneiden. Die Stiele schälen; dabei

das angetrockete Ende abschneiden, die äußerste Haut mit einem spitzen Messer am Stielende lösen und von unten nach oben rundherum abziehen. Alle Stiele dann in kleine Stücke schneiden und mit dem Salz von Wasser bedeckt 20 Minuten bei schwacher Hitze kochen lassen. • Die Röschen inzwischen zugedeckt auf-

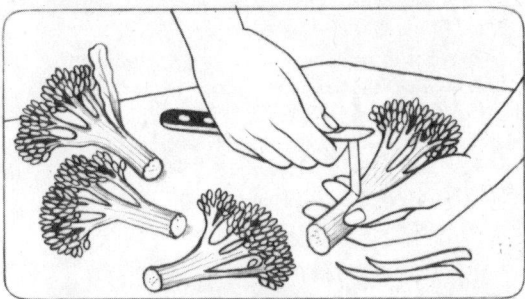

Vom Broccoli werden die Röschen abgetrennt und die Stiele sorgfältig geschält.

bewahren. • Das Brot in etwa ½ cm große Würfel schneiden. Die Knoblauchzehe schälen, kleinwürfeln und in der Butter kurz anbraten. Die Brotwürfel hinzufügen und unter Umwenden goldgelb braten. Die Pfanne vom Herd nehmen. • Die Broccolistiele mit der Kochflüssigkeit durch ein Sieb passieren, zurück in den Topf geben, die Milch und die Broccoliröschen untermischen, zum Kochen bringen und zugedeckt bei schwacher Hitze weitere 5 Minuten kochen lassen. • Die Speisestärke in wenig kaltem Wasser anrühren, unter die Suppe mischen und einmal aufwallen lassen. • Die Suppe mit Salz und Pfeffer abschmecken und mit der Crème fraîche verrühren. • Die Brotwürfel noch einmal erhitzen und vor dem Servieren über die Suppe streuen.

Blumenkohlcremesuppe

Aus Blumenkohl lassen sich einige Suppen-Varianten zubereiten.

Zutaten für 4 Portionen:
1 kg Blumenkohl · gut ½ l Wasser · ¼ l Milch ·
1 Teel. Salz · 1 Prise Muskatnuß, frisch
gerieben · 2 Eigelbe · 5 Eßl. Crème fraîche ·
3 Eßl. Schnittlauchröllchen
Pro Portion etwa 920 kJ/220 kcal
10 g Eiweiß · 13 g Fett · 14 g Kohlenhydrate

● Vorbereitungszeit: etwa 20 Minuten
● Garzeit: etwa 30 Minuten

So wird's gemacht: Den Blumenkohl von den grünen Blättern befreien, den Strunk etwas kürzen und den Kohl mit den Röschen nach unten 10 Minuten in lauwarmes Wasser legen, damit eventuell vorhandenes Ungeziefer ausgeschwemmt wird. • Das Wasser in einem breiten Topf zum Kochen bringen. Den Blumenkohl in Röschen teilen und diese mit den zerkleinerten Strünken in einem Siebeinsatz über das kochende Wasser stellen und im geschlossenen Topf 30 Minuten dämpfen. • Von den garen Röschen etwa ein Drittel beiseite legen. Den restlichen Blumenkohl mit dem Dämpfwasser im Mixer pürieren, in den Topf zurückgeben und mit der Milch, dem Salz und dem Muskat mischen. Die Suppe noch einmal gut erhitzen. • Die Eigelbe mit der Crème fraîche verquirlen und in die Suppe rühren. Die zurückbehaltenen Röschen in der Suppe erwärmen, die Suppe aber nicht mehr kochen lassen. • Die Suppe mit dem Schnittlauch bestreut servieren.

Variante: Blumenkohlsuppe mit gebratenem Schinken
Den Blumenkohl wie oben beschrieben dämpfen, mit dem Dämpfwasser pürieren und mit

heißer Fleischbrühe zu knapp 1 l Flüssigkeit auffüllen. Die Suppe mit Salz, frisch gemahlenem weißem Pfeffer und 1 Prise Cayennepfeffer abschmecken. 2 Eßlöffel Mehl mit wenig kaltem Wasser anrühren, die Suppe damit binden und einige Male aufkochen lassen. 200 g gekochten Schinken in Würfel schneiden, diese in 2 Eßlöffeln Öl braun braten und mit 2 Eßlöffeln frisch gehackter Petersilie über die Suppe streuen.

Variante: Blumenkohlsuppe mit Hähnchenbrust
1 kg Blumenkohl putzen, waschen und in Röschen teilen. 400 g Hähnchenbrustfilet waschen und in knapp 1 l kochende Geflügelbrühe geben. Die Filets bei schwacher Hitze 20 Minuten in der Brühe pochieren, herausnehmen und die Blumenkohlröschen 20 Minuten in der Brühe kochen lassen. Die Suppe mit etwas Selleriesalz abschmecken. Das Hähnchenfleisch in Würfel schneiden, in der Suppe erhitzen und die Suppe mit gehacktem Selleriegrün bestreuen.

Legierte Kohlrabisuppe

Eine mild-würzige Suppe, die appetitanregend wirkt.

Zutaten für 4 Portionen:
800 g Kohlrabi · ¾ l heiße Gemüsebrühe, selbst
gekocht oder aus Würfeln · ½ Bund Petersilie ·
⅛ l Sahne · 2 Eigelbe · 1 Prise weißer Pfeffer,
frisch gemahlen · Salz
Pro Portion etwa 800 kJ/190 kcal
6 g Eiweiß · 13 g Fett · 13 g Kohlenhydrate

● Vorbereitungszeit: etwa 10 Minuten
● Garzeit: etwa 20 Minuten

So wird's gemacht: Die Kohlrabi schälen, waschen, abtrocknen und in etwa 1 cm breite Stifte schneiden. Die Kohlrabistifte in der Gemüsebrühe zum Kochen bringen und bei schwacher Hitze 20 Minuten leicht kochen lassen. • Die zarten inneren Kohlrabiblättchen mit der Petersilie waschen, trockenschleudern und feinhakken. • Die Sahne mit den Eigelben und dem Pfeffer verquirlen und nach 20 Minuten Garzeit unter die Suppe rühren. Die Suppe danach nicht mehr kochen lassen, nur noch gut erhitzen. • Die Suppe vom Herd nehmen, nach Geschmack noch mit etwas Salz und Pfeffer abschmecken und mit den gehackten Kräutern bestreuen.

> **Mein Tip** Zu einer kalorienarmen Stimulanz vor dem Hauptgang wird die Suppe, wenn sie unlegiert, also ohne Sahne und Eigelbe, serviert wird.

Schnelle Tomatensuppe

Sie wird mit geschälten Tomaten aus der Dose zubereitet.

Zutaten für 4 Portionen:
1 Zwiebel · 1 große oder 2 kleine Knoblauchzehen · 2 Eßl. Butter · 1 Eßl. Mehl · 1,2 kg geschälte Tomaten aus der Dose · ½–1 Würfel Gemüsebrühe · ½ Teel. Zucker · ⅛ l heißes Wasser · Salz · schwarzer Pfeffer, frisch gemahlen · ⅛ l Sahne · 4 Eßl. Schnittlauchröllchen
Pro Portion etwa 1100 kJ/260 kcal
5 g Eiweiß · 19 g Fett · 18 g Kohlenhydrate

● Zubereitungszeit: etwa 20 Minuten

<u>So wird's gemacht:</u> Die Zwiebel und die Knoblauchzehen schälen und kleinwürfeln. • Die

Butter in einem großen Topf zerlassen und die Zwiebel und die Knoblauchwürfel unter Umwenden darin glasig braten. • Das Mehl darüberstäuben und hellgelb rösten. Die Tomaten mit der Flüssigkeit aus der Dose hinzufügen. Alles gut mischen und die Tomaten dabei mit dem Schneebesen zerdrücken. • Den Gemüsebrühwürfel, den Zucker und das Wasser untermischen. Die Suppe unter Umrühren einmal aufwallen lassen und mit Salz und Pfeffer abschmecken. Die Suppe nach Belieben nun mit dem elektrischen Passierstab pürieren; dadurch wird sie cremiger. • Die Sahne unter die Suppe ziehen, die Suppe vom Herd nehmen und anrichten. Jede Portion mit 1 Eßlöffel Schnittlauchröllchen bestreuen.

> **Mein Tip** Wer etwas alkoholische Raffinesse wünscht, kann mit der Sahne auch noch einen Schuß Gin zur Suppe geben.

Variante: Frische Tomatencremesuppe
Bild Umschlag-Vorderseite
Für sie braucht man wirklich reife Freiland-Tomaten! 1 kg frische Fleischtomaten mit kochendheißem Wasser überbrühen, häuten,

Tomaten zu enthäuten ist ganz einfach. Nach dem Überbrühen mit kochendem Wasser läßt sich die Haut leicht abziehen.

vierteln und dabei die harten Stielansätze entfernen. Die Tomaten mit ¼ l Wasser bei schwacher Hitze 10 Minuten garen. 1 Zwiebel und 1 Knoblauchzehe schälen, würfeln und in 2 Eßlöffeln Butter glasig braten. Mit 1 Eßlöffel Mehl bestäuben, kurz anrösten und mit den Tomaten auffüllen. Die Suppe mit Salz, frisch gemahlenem weißem Pfeffer und 1 Prise Zucker abschmecken. So viel leichten trockenen Weißwein hinzufügen, bis die Suppe die gewünschte Konsistenz hat. Die Suppe in Tassen anrichten und jede Portion mit 1 Eßlöffel Crème fraîche garnieren. Auf die Crème fraîche je 2 streifig geschnittene Salbeiblättchen streuen.

Variante: Italienische Tomatensuppe
2 Zwiebeln und 2 Knoblauchzehen schälen, würfeln und in 2 Eßlöffeln Olivenöl anbraten. 1,2 kg sehr reife Fleischtomaten häuten, vierteln, in die Pfanne geben und mit ¼ l Wasser zugedeckt bei schwacher Hitze 10 Minuten dünsten. Die Suppe dann durch ein Sieb passieren und mit Salz, etwas Zucker und frisch gemahlenem weißem Pfeffer abschmecken. 2 Zweige frisches Basilikum (nach Belieben auch noch frische Pfefferminze) hacken. 80 g gekochten Reis in der Suppe erwärmen. Die Suppe anrichten, mit den Kräutern bestreuen und mit reichlich frisch geriebenem Parmesankäse servieren.

Variante: Sizilianische Tomatensuppe
Die Suppe wie nach Italienischer Art zubereiten, jedoch keinen Reis hineingeben, sondern zuletzt mit knapp ⅛ l Sahne verrühren. Die Kräuter darüberstreuen und statt des Parmesankäses in Olivenöl goldbraun gebratene, mit Knoblauchpulver bestreute Weißbrotwürfel über die Suppe geben.

Pürierte Kartoffelsuppe

Zutaten für 4 Portionen:
600 g mehligkochende Kartoffeln · Salz · ½ l Fleischbrühe, selbst gekocht oder aus Würfeln · 300 g Lauch/Porree · 50 g geräucherter durchwachsener Speck · 1 große Zwiebel · 1 Eßl. Öl · schwarzer Pfeffer, frisch gemahlen · 1 Messerspitze getrockneter Majoran · 100 g saure Sahne · 2 Eßl. Schnittlauchröllchen
Pro Portion etwa 1200 kJ/290 kcal
8 g Eiweiß · 15 g Fett · 32 g Kohlenhydrate

- Vorbereitungszeit: etwa 25 Minuten
- Garzeit: etwa 20 Minuten

So wird's gemacht: Die Kartoffeln schälen, waschen und in Würfel schneiden. • Die Kartoffelwürfel mit ½ Teelöffel Salz und der Fleischbrühe zugedeckt 20 Minuten kochen lassen. • Den Lauch gründlich putzen, längs halbieren, waschen und in Streifen schneiden. Die Lauchstreifen in wenig kochendes Wasser geben und zugedeckt bei schwacher Hitze 5 Minuten kochen lassen. • Den Speck würfeln. Die Zwiebel schälen und in Ringe schneiden. • Die gegarten Kartoffeln mit der Fleischbrühe im Mixer pürieren oder durch ein Passiersieb streichen und den Lauch mit dem Kochsud untermischen. • Das Öl erhitzen. Die Speckwürfel und die Zwiebelringe darin goldbraun braten und beiseite stellen. • Die Kartoffelsuppe mit Salz, Pfeffer und dem Majoran abschmecken. Die saure Sahne unterrühren, die Speckwürfel, die Zwiebelringe und die Schnittlauchröllchen darüberstreuen und die Suppe servieren.

Die Cremesuppe mit Frühlingszwiebeln wird mit Kohlrabi zubereitet. Sie ist eine würzige, leichte und vegetarische Suppe. Rezept Seite 25. ▷

Kerbelsuppe

Statt mit Kerbel können Sie diese Suppe natürlich auch mit anderen gemischten Kräutern, am besten mit jungen Wildkräutern, zubereiten.

Zutaten für 4 Portionen:
2 Eßl. Butter · 3 Eßl. Mehl · ½ l Gemüsebrühe,
selbst gekocht oder aus Würfeln · 150 g Kerbel ·
¼ l Milch · 1 Prise Muskatblüte, frisch
gemahlen · ⅛ l Sahne · 2 Eigelbe
Pro Portion etwa 1200 kJ/290 kcal
7 g Eiweiß · 23 g Fett · 13 g Kohlenhydrate

- Vorbereitungszeit: etwa 10 Minuten
- Garzeit: etwa 15 Minuten

So wird's gemacht: Die Butter in einem Suppentopf zerlassen, das Mehl unter Rühren hineinstäuben und hellgelb anbraten. • Nach und nach die Gemüsebrühe zu der Einbrenne gießen und alles unter Rühren 10 Minuten leicht kochen lassen. • Inzwischen den Kerbel kalt waschen, gut abtropfen lassen, mit den Stielen kleinschneiden und zugedeckt beiseite stellen. Bei anderen Kräutern schlechte Stellen und harte Stengel entfernen. • Die Suppe mit der Milch mischen, zum Kochen bringen und den Kerbel unterrühren. • Die Suppe mit Salz und Muskat abschmecken. • Die Suppe vom Herd nehmen. Die Sahne und die Eigelbe miteinander verquirlen und die Suppe damit legieren.

Spargelcremesuppe

Mit grünem Spargel schmeckt die Suppe kräftiger und ist außerdem optisch viel animierender.

Zutaten für 4 Portionen:
2 kg grüner Spargel · 1 Teel. Salz · ½ Teel.
Zucker · gut ½ l Gemüsebrühe, selbst gekocht
oder aus Würfeln · weißer Pfeffer, frisch
gemahlen · 1 Eßl. Speisestärke · ⅛ l trockener
Weißwein oder Gemüsebrühe · 200 g Crème
fraîche · 4 Eßl. Dill, frisch gehackt
Pro Portion etwa 1400 kJ/330 kcal
13 g Eiweiß · 17 g Fett · 25 g Kohlenhydrate

- Vorbereitungszeit: etwa 25 Minuten
- Garzeit: etwa 20 Minuten

So wird's gemacht: Den Spargel waschen, abtrocknen und die Spargelspitzen etwa 6 cm lang abschneiden. Die unteren Spargelstücke dünn schälen und eventuell holzige Teile abschneiden. • Die geschälten Spargelstangen dann in 3 cm große Stücke schneiden und mit dem Salz, dem Zucker und der Gemüsebrühe zugedeckt 15 Minuten kochen lassen. • Die Spargelspitzen gesondert in kochendes Salzwasser geben und zugedeckt in 8 Minuten gar kochen. • Die Spargelstücke mit der Gemüsebrühe im Mixer pürieren oder durch ein Passiersieb streichen. • Die Spargelspitzen mit dem Kochsud unter die Spargelcremesuppe mischen und die Suppe mit Pfeffer und, wenn nötig, noch etwas Salz abschmecken. • Die Speisestärke mit dem Weißwein anrühren, in die Suppe mischen, einmal aufwallen lassen und die Suppe vom Herd nehmen. • Die Spargelsuppe mit der Crème fraîche verrühren und mit den Dillspitzen bestreut servieren.

◁ Die cremige Broccolisuppe wird mit knusprig gerösteten Brotwürfeln serviert. Rezept Seite 15.

Avocadosuppe mit Sahne

Eine Suppe zum Verwöhnen, magenfreundlich und dennoch gehaltvoll.

Zutaten für 4 Portionen:
3–4 sehr reife Avocados, je nach Größe · 2 Teel.
Zitronensaft · ¾–1 l milde Gemüsebrühe, selbst
gekocht oder aus Würfeln · 4 Schalotten · 1 Eßl.
Öl · 3 Teel. Speisestärke · ⅛ l Sahne · 4 Eßl.
Schnittlauchröllchen
Pro Portion etwa 2305 kJ/550 kcal
5 g Eiweiß · 55 g Fett · 12 g Kohlenhydrate

● Zubereitungszeit: etwa 20 Minuten

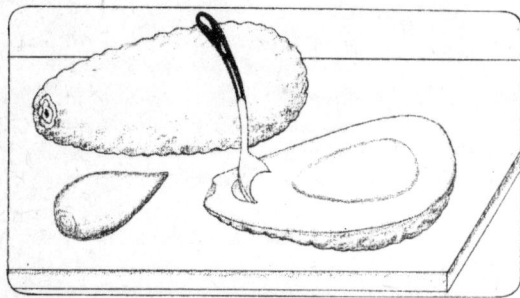

Die Avocado wird aufgeschnitten, vom Stein befreit und das Fleisch mit einem Teelöffel herausgehoben.

So wird's gemacht: Die Avocados halbieren, die Kerne entfernen und das Fruchtfleisch mit einem scharfkantigen Löffel aus den Schalen lösen. Das Fruchtfleisch in einer Schüssel mit dem Zitronensaft mit einer Gabel zerdrücken. ● Die Gemüsebrühe zum Kochen bringen. ● Die Schalotten schälen und in Ringe schneiden. Das Öl in einer kleinen Pfanne erhitzen und die Schalottenringe darin goldbraun braten. Das Avocadopüree in die Gemüsebrühe rühren und vom Herd nehmen; die Schalottenringe ebenfalls vom Herd nehmen. ● Die Speisestärke mit wenig kaltem Wasser anrühren, in die Suppe mischen und einmal aufwallen lassen. Die Sahne ebenfalls in die Suppe rühren, die Suppe noch einmal gut erhitzen, aber nicht mehr kochen lassen. ● Die Suppe mit den gebratenen Schalottenringen und mit den Schnittlauchröllchen bestreut servieren.

Variante: Avocadosuppe mit Garnelen
Die Avocados wie oben beschrieben vorbereiten und mit dem Zitronensaft zerdrücken. 1 Eßlöffel Sardellenpaste und ½ l kräftige Fleischbrühe mit dem Avocadopüree mischen und unter Rühren einmal aufkochen lassen. ⅛ l saure Sahne unter die Suppe rühren und die Suppe mit Kräutersalz und etwas gerebeltem Koriander abschmecken. 150 g tiefgefrorene Garnelen in die Suppe geben und diese darin auftauen und erwärmen, ohne die Suppe kochen zu lassen. Die heiße Suppe mit 2 Eßlöffeln kleingeschnittenen Dillspitzen servieren.

Frische Erbsensuppe

Zutaten für 4 Portionen:
1 kg Perlerbsen in den Schoten · ½ Teel. Salz ·
1 l Wasser · 400 g Maiskörner aus der Dose ·
1 Eßl. Speisestärke · 2 Teel. Paprikapulver,
edelsüß · 5 Eßl. Crème fraîche · 4 Eßl.
Schnittlauchröllchen
Pro Portion etwa 1700 kJ/400 kcal
20 g Eiweiß · 11 g Fett · 56 g Kohlenhydrate

● Vorbereitungszeit: etwa 20 Minuten
● Garzeit: etwa 25 Minuten

So wird's gemacht: Die Erbsen palen. Die leeren Schoten waschen, abtropfen lassen und mit dem Salz und dem Wasser zugedeckt 20 Minuten kräftig kochen lassen. • Die Maiskörner mit der Einlegeflüssigkeit durch ein Passiersieb streichen. • Die gegarten Schoten in ein Sieb schütten und das Kochwasser in einem anderen Topf auffangen. • Die gepalten Erbsen ins Schotenkochwasser schütten und 5 Minuten darin kochen lassen. • Das Maispüree danach unter die Erbsen mischen und, wenn nötig, noch etwas Wasser hinzufügen. Die Suppe gut erhitzen. • Die Speisestärke mit dem Paprikapulver und wenig kaltem Wasser anrühren, unter die Suppe mischen. Die Suppe einmal aufwallen lassen und vom Herd nehmen. Die Suppe, wenn nötig, noch mit etwas Salz abschmecken, mit der Crème fraîche verrühren und mit den Schnittlauchröllchen bestreut servieren.

Meerrettich-Sahnesuppe

Diese Suppe gehört zu den altbayerischen Küchengeheimnissen und ist zu unrecht fast in Vergessenheit geraten.

Zutaten für 4 Portionen:
½–1 Stange frischer Meerrettich · 1 Teel.
Zitronensaft · 40 g Butter · 30–35 g Mehl · ½ l
Fleischbrühe, selbst gekocht oder aus Würfeln ·
½ l Milch · Salz · weißer Pfeffer, frisch
gemahlen · 1 Prise Zucker · 75 g geräucherter
durchwachsener Speck · 1 Scheibe Toastbrot ·
⅛ l Sahne · 6 Eßl. Kresseblättchen
Pro Portion etwa 1830 kJ/435 kcal
10 g Eiweiß · 36 g Fett · 19 g Kohlenhydrate

● Vorbereitungszeit: etwa 10 Minuten
● Garzeit: etwa 30 Minuten

So wird's gemacht: Den Meerrettich schaben, waschen, abtrocknen und auf der Rohkostreibe raspeln. Die Meerrettichraspel mit dem Zitro-

nensaft mischen, damit sie nicht dunkel werden • Die Butter in einem großen Topf zerlassen, das Mehl hineinstäuben und unter ständigem Umrühren hellgelb anbraten. Nach und nach die Fleischbrühe und die Milch dazugießen und unter Rühren zum Kochen bringen. • Die Flüssigkeit bei schwacher Hitze unter ständigem Rühren 10 Minuten leicht kochen lassen. • Von den Meerrettichraspeln nach und nach so viel in die heiße Flüssigkeit rühren, daß sie angenehm scharf schmeckt. Die Suppe mit Salz, Pfeffer und dem Zucker abschmecken und eventuell noch weiteren Meerrettich hineingeben. Die Suppe dann vom Herd nehmen und zugedeckt warm halten. • Den Speck in sehr kleine Würfel schneiden. Das Toastbrot ebenfalls kleinwürfeln. • Den Speck in einer Pfanne knusprig braun ausbraten und die Brotwürfel im Speckfett ebenfalls knusprig braun braten. • Die Sahne unter die Suppe rühren und diese noch einmal erhitzen, aber nicht mehr kochen lassen. Die Speckwürfel und die Brotwürfel mit dem Speckfett über die Suppe streuen, die Suppe anrichten und mit den Kresseblättchen bestreut servieren.

Rosenkohlsuppe

Zutaten für 4 Portionen:
800 g möglichst kleine Rosenkohlköpfchen ·
250 g mehligkochende Kartoffeln · 1 l Gemüsebrühe, selbst gekocht oder aus Würfeln ·
2 Schalotten · 1 Eßl. Butter · 1 großer, nicht zu saurer Apfel · schwarzer Pfeffer, frisch
gemahlen · 1 Prise Muskatnuß, frisch gerieben ·
Salz · 1 Teel. getrockneter Salbei, besser 4–6 frische Salbeiblättchen · 4 Eßl. Crème fraîche
Pro Portion etwa 1200 kJ/290 kcal
12 g Eiweiß · 12 g Fett · 31 g Kohlenhydrate

- Vorbereitungszeit: etwa 30 Minuten
- Garzeit: etwa 20 Minuten

So wird's gemacht: Den Rosenkohl putzen, sehr trockene Strünke kürzen und die Kohlröschen waschen. Die Kartoffeln schälen, waschen und in kleine Würfel schneiden. • Die Gemüsebrühe zum Kochen bringen. Den Rosenkohl und die Kartoffelwürfel in die Gemüsebrühe schütten und alles zugedeckt bei schwacher Hitze 20 Minuten kochen lassen; die Kartoffelwürfel sollen dabei zerkochen und die Suppe etwas sämig machen. • Die Schalotten schälen, kleinwürfeln und in der Butter unter Umwenden knusprig braun anbraten. Die Pfanne dann vom Herd nehmen. • Den Apfel waschen, abtrocknen und auf einer Rohkostreibe um das Kerngehäuse herum grobraspeln. • Die Suppe mit Pfeffer, Muskat und, wenn nötig, etwas Salz abschmekken. Den getrockneten Salbei in die Suppe rühren oder die frischen Salbeiblättchen waschen, abtrocknen, streifig schneiden und beiseite stellen. • Die Apfelraspel unter die Suppe mischen. Die Schalotten noch einmal erhitzen. • Die Suppe anrichten und auf jede Portion 1 Eßlöffel Crème fraîche und die Schalotten geben und, wenn vorhanden, den frischen Salbei auf die Crème fraîche streuen.

Mein Tip Wer die Suppe kräftiger wünscht, kann sie noch mit gewürfeltem Lachsschinken oder mit Putenwurst anreichern.

Pottage aux légumes

Französische Gemüsecremesuppe

Zutaten für 4 Portionen:
2 große Stangen Lauch / Porree · 4 große
Möhren · 150 g Knollensellerie · 4 große, möglichst mehligkochende, Kartoffeln · 1 Teel. Salz ·
1 große Zwiebel · 1 Eßl. Butter · 100 g Sahne ·
2 Eßl. Schnittlauchröllchen
Pro Portion etwa 1295 kJ/305 kcal
8 g Eiweiß · 13 g Fett · 41 g Kohlenhydrate

- Vorbereitungszeit: etwa 40 Minuten
- Garzeit: etwa 35 Minuten

So wird's gemacht: Den Lauch von den Wurzelenden und dunkelgrünen Blattspitzen befreien, längs halbieren, gründlich waschen und in grobe Stücke schneiden. Die Möhren schälen, waschen und in kleine Stücke schneiden. Den Knollensellerie schälen, waschen und würfeln. Die Kartoffeln schälen, gut waschen und ebenfalls würfeln. • Das Gemüse mit dem Salz und von Wasser bedeckt im geschlossenen Topf 35 Minuten kochen lassen. • Inzwischen die Zwiebel schälen, würfeln und in der Butter goldbraun anbraten. • Die Zwiebelwürfel warm halten. • Das gare Gemüse durch ein Sieb passieren oder im Mixer pürieren und das Püree mit der Sahne verrühren. Die Suppe anrichten und mit den Schnittlauchröllchen und den gebratenen Zwiebelwürfeln bestreuen.

Mein Tip Statt der Schnittlauchröllchen kann man auch frische Kresse über die Suppe streuen, wodurch sie noch kräftiger schmeckt.

Cremesuppe mit Frühlingszwiebeln

Bild Seite 19

Eine zart-würzige Vorsuppe.

Zutaten für 4 Portionen:
100 g Frühlingszwiebeln · 2 Knollen Kohlrabi ·
¾ l Gemüsebrühe, selbst gekocht oder aus
Würfeln · 2 Eßl. Butter · 1 altbackenes
Brötchen · ⅛ l Sahne · 2 Eigelbe · Salz · weißer
Pfeffer, frisch gemahlen
Pro Portion etwa 1000 kJ/240 kcal
4 g Eiweiß · 21 g Fett · 9 g Kohlenhydrate

- Vorbereitungszeit: etwa 30 Minuten
- Garzeit: etwa 15 Minuten

So wird's gemacht: Die Frühlingszwiebeln waschen, abtrocknen und die Wurzelenden sowie die schlechten grünen Blattenden abschneiden. Die weißen Teile der Zwiebeln in dünne schräge Scheibchen schneiden, die grünen Teile grob kleinschneiden. Den Kohlrabi schälen, waschen und kleinschneiden. • Die Gemüsebrühe erhitzen. • 1 Eßlöffel Butter zerlassen und die grünen Teile der Zwiebeln mit den Kohlrabistückchen unter Umwenden darin anbraten. Mit der Gemüsebrühe aufgießen und zugedeckt bei schwacher Hitze leicht kochen lassen. • Vom Brötchen die Rinde großzügig abschneiden, das Innere in sehr kleine Stücke reißen, unter die Suppe rühren und mitkochen lassen. • Die hellen Zwiebelscheibchen in der restlichen Butter glasig braten, aber keine Farbe annehmen lassen und beiseite stellen. • Die Suppe durch ein Sieb passieren und, wenn nötig, mit wenig Wasser auf eine sämige Konsistenz bringen. Die Suppe noch einmal erhitzen und heiß halten, aber nicht mehr kochen lassen. • Die Hälfte der Sahne steif schlagen. • Die restliche Sahne mit den Eigelben verquirlen. Die Suppe vom Herd nehmen und mit der Eigelb-Sahne mischen. Die Suppe mit Salz und Pfeffer abschmecken und in vier Suppentassen anrichten. • Die Zwiebelscheibchen auf der Suppe verteilen und auf jede Portion aus der Schlagsahne ein Sahnehäubchen setzen.

Gemischte Gemüsesuppe

Nicht nur vegetarisch, sondern auch vollwertig.

Zutaten für 4 Portionen:
200 g Möhren · 200 g Lauch/Porree · 1 große
Zwiebel · 1 Petersilienwurzel · 1 grüne
Paprikaschote · 300 g grüne Bohnen · 2 Messer-
spitzen Salz · 1 Zweig Bohnenkraut · 1 Eßl.
Kokosfett · 1 l Gemüsebrühe, selbst gekocht
oder aus Würfeln · 2 Teel. Hefeextrakt · 1 Bund
Schnittlauch ·
4 Eßl. gekeimte Weizenkörner
Pro Portion etwa 655 kJ/155 kcal
6 g Eiweiß · 7 g Fett · 17 g Kohlenhydrate

- Vorbereitungszeit: etwa 35 Minuten
- Garzeit: etwa 25 Minuten

So wird's gemacht: Die Möhren schälen, waschen und in kleine Würfel schneiden. Vom Lauch die Wurzelenden und die schlechten Blattenden abschneiden. Den Lauch längs halbieren, gründlich waschen, abtrocknen und die Hälften in nicht zu dünne Scheibchen schneiden. Die Zwiebel schälen und kleinwürfeln. Die Petersilienwurzel schälen, waschen, abtrocknen und ebenfalls würfeln. Die Paprikaschote halbieren, vom Stielansatz, den Rippen und den Kernen befreien, waschen, abtrocknen und in

Streifen schneiden; die Streifen noch einmal quer halbieren. Die Bohnen waschen, die Stielenden abschneiden und große Bohnen halbieren. • Die Bohnen mit dem Salz, dem Bohnenkraut und ¾ l Wasser zugedeckt bei schwacher Hitze je nach Dicke der Bohnen 15–20 Minuten leicht kochen lassen. • Das Kokosfett in einem Suppentopf erhitzen und die Zwiebelwürfel darin glasig braten. Die Petersilienwurzelwürfel und die Möhrenwürfel hinzufügen, kurz mitbraten und mit der Gemüsebrühe aufgießen. Die Suppe zugedeckt bei schwacher Hitze 5 Minuten kochen lassen. • Die Paprikastreifen und die Lauchscheiben in die Suppe mischen und alles weitere 15 Minuten garen. • Die Bohnen in ein Sieb schütten und abtropfen lassen. Die Bohnen unter die Suppe mischen und die Suppe mit dem Hefeextrakt abschmecken. • Den Schnittlauch waschen, trockenschleudern und in Röllchen schneiden. Die Suppe anrichten und mit dem Schnittlauch und dem gekeimten Weizen bestreuen.

Mein Tip Um gekeimte Weizenkörner zu erhalten, weicht man die gewünschte Menge in lauwarmem Wasser ein. Nach 24 Stunden die Körner lauwarm abbrausen und gut feucht in eine Glasschale füllen. Die Schale mit einem Teller bedecken und hell und warm weitere 24 Stunden stehenlassen. Danach die Körner wiederholt abbrausen und weitere 24 Stunden stehenlassen. Die Körner haben dann meist etwa 4 mm lange Keime getrieben, die besonders wertstoffreich sind. Nur wenn sie zu kühl und zu dunkel gehalten werden, kann sich das Keimen hinauszögern.

Bananen-Kressesuppe

Zutaten für 4 Portionen:
¾ l Gemüsebrühe, selbst gekocht oder aus Würfeln · 3 große Bananen · Saft von 1 Zitrone · 1 Kästchen Kresse · 2 Eigelbe · 6 Eßl. Crème fraîche · 1 Prise Muskatnuß, frisch gerieben · Salz
Pro Portion etwa 945 kJ/225 kcal
3 g Eiweiß · 12 g Fett · 25 g Kohlenhydrate

● Zubereitungszeit: etwa 15 Minuten

<u>So wird's gemacht:</u> Die Gemüsebrühe erhitzen. • Die Bananen schälen, in Scheibchen schneiden und mit dem Zitronensaft beträufeln. Die Kresse vom Beet schneiden, in einem Sieb unter Umwenden abbrausen und abtropfen lassen. 4 kleine Kressebündelchen beiseite legen. • Die restliche Kresse mit den Bananenscheiben und etwa einem Drittel der Gemüsebrühe im Mixer pürieren. • Das Bananenpüree in die Gemüsebrühe rühren und zugedeckt bei sehr schwacher Hitze erwärmen. • Die Eigelbe mit der Crème fraîche und dem Muskat verquirlen, in die heiße, aber nicht kochende Suppe rühren und die Suppe mit Salz abschmecken. Jede Portion vor dem Servieren mit einem Büschelchen Kresse garnieren.

Feine Fleisch- und Fischsuppen

Curry-Reissuppe mit Hähnchenbrust

Mit Naturreis und Frühlingszwiebeln ein gesunder Genuß!

Zutaten für 4 Portionen:
250 g Naturreis · 2 l Wasser · ½ Teel. Salz ·
400 g Hähnchenbrustfilet · 1 Bund Frühlingszwiebeln · 1 Zwiebel · 1 Möhre · 1 kleiner Zweig Liebstöckel · 1 l Wasser · ½ Würfel Geflügelbrühe · 2 Teel. Currypulver · ⅛ l Sahne ·
4 Eßl. Kerbelblättchen
Pro Portion etwa 1900 kJ/450 kcal
29 g Eiweiß · 13 g Fett · 53 g Kohlenhydrate

● Zubereitungszeit: etwa 50 Minuten

So wird's gemacht: Den Reis in einem Sieb unter fließendem kaltem Wasser so lange abbrausen, bis das abtropfende Wasser klar ist. • Das Wasser mit dem Salz zum Kochen bringen, den Reis hineinschütten und mit einer Gabel einmal gründlich umrühren. Den Reis dann zugedeckt bei sehr schwacher Hitze in 35 Minuten ausquellen lassen. • Inzwischen die Hähnchenbrustfilets kalt waschen, trockentupfen und in gleich kleine Würfel schneiden. Die Frühlingszwiebeln putzen, sehr gut unter fließendem kaltem Wasser waschen, abtrocknen und die derben grünen Blattenden sowie ein Stück vom Wurzelende abschneiden. Die Zwiebeln dann in Röllchen schneiden. Die Zwiebel schälen und würfeln. Die Möhre schälen, waschen und ebenfalls würfeln. Das Liebstöckel waschen. • Das Wasser mit dem Brühwürfel zum Kochen bringen, das Fleisch, das Gemüse und das Liebstöckel ins kochende Wasser geben und alles zugedeckt bei schwacher Hitze 10 Minuten kochen lassen. • Das Currypulver mit der Sahne verrühren. Den Kerbel waschen und abtropfen lassen. • Den garen Reis in einem Sieb gründlich abtropfen lassen, in die Hähnchenbrühe geben und alles mit der Currysahne verrühren. Die Suppe nicht mehr kochen, aber noch einmal richtig heiß werden lassen, in vorgewärmte Teller füllen und vor dem Servieren mit dem Kerbel bestreuen.

Grüne Kalbfleischsuppe

Zutaten für 4 Portionen:
400 g Kalbsschulter · 1 l Wasser · 1 Teel. Salz ·
200 g Knollensellerie · 400 g Zucchini · 100 g
Chinakohl · 2 Eßl. Butter · 1 Eßl. Mehl ·
2 Eigelbe · 4 Eßl. Crème fraîche · weißer Pfeffer, frisch gemahlen · 1 Prise Muskatnuß, frisch gerieben · 2 Eßl. Schnittlauchröllchen
Pro Portion etwa 1500 kJ/360 kcal
26 g Eiweiß · 22 g Fett · 14 g Kohlenhydrate

● Vorbereitungszeit: etwa 10 Minuten
● Garzeit: etwa 50 Minuten

So wird's gemacht: Das Fleisch waschen und abtrocknen. • Das Wasser mit dem Salz zum Kochen bringen. Das Fleisch ins Wasser legen und 40 Minuten schwach darin kochen lassen.

Schaum, der sich beim Kochen von Fleisch bildet, muß mit einer Schaumkelle abgeschöpft werden.

Während der ersten 20 Minuten wiederholt den sich bildenden Schaum abschöpfen. • Den Knollensellerie schälen, waschen, erst in dünne Scheiben und diese in Stifte schneiden. Nach 20 Minuten Kochzeit die Selleriestifte zum Fleisch geben und mitgaren. • Die Zucchini waschen, abtrocknen, von Stiel- und Blütenansätzen befreien, würfeln und während der letzten 10 Minuten mit dem Fleisch garen. • Die Suppe durch ein Sieb in eine Schüssel gießen. • Das Fleisch in kleine Würfel schneiden. • Den Chinakohl von schlechten Blättern befreien und in einzelne Blätter zerlegen. Die Blätter waschen, trockenschleudern und streifig schneiden. • Die Butter im Suppentopf zerlassen, das Mehl hineinstäuben und unter Rühren kurz anbraten. Nach und nach mit der noch heißen Brühe aufgießen und mehrmals kräftig aufkochen lassen. • Die Fleischwürfel, die Gemüsewürfel und die Salatstreifen in die Suppe geben. • Die Eigelbe mit der Crème fraîche, Pfeffer und dem Muskat verquirlen. Die Suppe vom Herd nehmen und die Eicreme in die Suppe rühren. Die Suppe noch einmal kräftig abschmecken und vor dem Servieren mit den Schnittlauchröllchen bestreuen.

Hähnchensuppe mit Kresse

Eine besonders leichte, festliche Suppe.

Zutaten für 4 Portionen:
1 Hähnchen von etwa 1 kg · 1 Teel. Salz ·
1¼ l Wasser · 1 Zwiebel · ½ Lorbeerblatt ·
1 Gewürznelke · 1 Würfel Geflügelbrühe · 500 g
Zucchini · 1 Bund Brunnenkresse oder 1 Kästchen Gartenkresse · 1 Eßl. Zitronensaft
Pro Portion etwa 1600 kJ/380 kcal
54 g Eiweiß · 14 g Fett · 8 g Kohlenhydrate

● Vorbereitungszeit: etwa 30 Minuten
● Garzeit: etwa 40 Minuten

So wird's gemacht: Das Hähnchen innen und außen waschen und mit dem Salz und dem Wasser in einem Topf zum Kochen bringen. • Die Zwiebel schälen und das Lorbeerblatt mit der Nelke in die Zwiebel stecken. • Während der ersten 10 Minuten wiederholt den sich bildenden Schaum von der Brühe abschöpfen, danach die Zwiebeln mit dem Geflügelbrühwürfel zum Huhn geben und dieses weitere 30 Minuten kochen lassen; dabei soll knapp die Hälfte der Flüssigkeit verdampfen. • Inzwischen die Zucchini waschen, trockenreiben, von Stiel- und Blütenansätzen befreien und ungeschält in Würfel schneiden. • Die Brunnenkresse waschen, trockenschleudern, von groben Stielen befreien und die Blättchen grobhacken. Oder von der Gartenkresse die Blättchen abschneiden, abbrausen und abtropfen lassen. • Die Zucchiniwürfel während der letzten 10 Minuten mit dem Huhn kochen lassen. • Das Huhn und die besteckte Zwiebel aus der Suppe nehmen und diese zugedeckt noch so lange kochen lassen, bis das Huhn zerlegt ist; die Zucchiniwürfel dürfen zerfallen und die Suppe etwas sämig machen. • Das Hähnchen von Haut und Knochen befreien, in Stücke schneiden und mit der Kresse und dem Zitronensaft in die Suppe geben.

Die kräftige Rindfleischsuppe wird durch Kartoffeln ▷ und Gemüse zu einem sättigenden Hauptgericht. Rezept Seite 33.

Gebundene Ochsenschwanzsuppe

Bild nebenstehend

Eine kräftige und immer festlich anmutende Suppe.

Zutaten für 4 Portionen:
1,5 kg Ochsenschwanz · 4 Markknochen ·
2 l Wasser · 2 Zwiebeln · 2 Möhren · 100 g
Knollensellerie · 2 Petersilienwurzeln · 2 Eßl.
Öl · 3 Gewürznelken · 1 Zweig frischer
Thymian · 4 weiße Pfefferkörner · 1 Lorbeer-
blatt · 1½ l Wasser · 1 Eßl. Kokosfett · 1 gehäuf-
ter Eßl. Mehl · 2 Eßl. Tomatenmark · 1 Teel.
Salz · schwarzer Pfeffer, frisch gemahlen · 1 Pri-
se Cayennepfeffer · eventuell ⅛ l Madeirawein
Pro Portion etwa 3900 kJ/930 kcal
79 g Eiweiß · 56 g Fett · 19 g Kohlenhydrate

- Vorbereitungszeit: etwa 30 Minuten
- Garzeit einschließlich Abkühlzeit: etwa
  4 Stunden

So wird's gemacht: Den Ochsenschwanz schon beim Einkauf in die einzelnen Gelenke zerhakken lassen. Den Ochsenschwanz und die Markknochen waschen, von Wasser bedeckt zum Ko-

chen bringen und 3 Minuten kräftig sprudelnd kochen lassen. • Die Fleischstücke und die Knochen in ein Sieb schütten, das Wasser weggießen, die Ochsenschwanzteile und die Knochen gründlich abspülen. Den Topf gut auswaschen, damit keine Knochenteilchen in ihm zurückbleiben. • Von 1 Zwiebel nur die lockere äußere Schale entfernen, die Zwiebel dann waschen und ungeschält halbieren. Die andere Zwiebel schälen und achteln. Die Möhren, den Sellerie und die Petersilienwurzeln schaben oder schälen, waschen und in kleine Würfel schneiden. • Das Öl in einem großen Topf erhitzen und die Ochsenschwanzteile von allen Seiten darin anbraten. Die Zwiebeln und das kleingeschnittene Gemüse hinzugeben und unter Rühren mitbraten. Die Knochen, alle Gewürze und das Wasser zum Ochsenschwanz geben und alles zum Kochen bringen. • Die Suppe 30 Minuten kochen, dabei wiederholt den sich bildenden Schaum abschöpfen. • Dann die Markknochen aus der Suppe nehmen, das Mark aus den Knochen drücken, feinwürfeln und beiseite stellen. • Die Brühe danach bis auf einen Spalt breit zugedeckt 2½ Stunden leicht kochen lassen. • Die Suppe durch ein Haarsieb gießen und die Brühe abkühlen lassen. • Das Fleisch von den Ochsenschwanzstücken ablösen und in kleine Würfel schneiden. Von der abgekühlten Brühe das Fett von der Oberfläche schöpfen und die Brühe erneut erhitzen. • Das Kokosfett in einem großen Topf erhitzen, das Mehl dazugeben und unter ständigem Rühren braun anbraten. Nach und nach die heiße Fleischbrühe zur Einbrenne gießen und unter Rühren gut 5 Minuten kochen lassen. Das Tomatenmark, das Salz, Pfeffer und den Cayennepfeffer in die Suppe geben und die Fleischwürfel hinzufügen. Die Suppe mit dem Madeirawein abschmecken und das Knochenmark unterrühren.

◁ Für die gebundene Ochsenschwanzsuppe wird (von links nach rechts) das Gemüse gewürfelt und auf die kräftig angebratenen Ochsenschwanzscheiben gegeben. Nach Ende der Garzeit das Fleisch von den Knochen lösen und würfeln. Das Fett von der Brühe schöpfen, die Suppe binden und das Fleisch wieder hineingeben. Rezept auf dieser Seite.

Champignonsuppe mit Hähnchenbrust

Gut geeignet als Bestandteil eines festlichen Menüs.

Zutaten für 4 Portionen:
400 g Champignons · 1 Eßl. Zitronensaft ·
2 Schalotten · 2 Eßl. Gänseschmalz · ¾ l Geflü-
gelbrühe, selbst gekocht oder aus Würfeln · 250 g
geräucherte Hähnchenbrust · 100 g Sahne ·
Salz · weißer Pfeffer, frisch gemahlen · 4 frische
Salbeiblätter
Pro Portion etwa 1190 kJ/285 kcal
16 g Eiweiß · 23 g Fett · 6 g Kohlenhydrate

● Vorbereitungszeit: etwa 40 Minuten
● Garzeit: etwa 30 Minuten

So wird's gemacht: Die Champignons putzen und etwa 12 Pilze beiseite legen. Die restlichen kleinschneiden und mit dem Zitronensaft beträufeln. Die Schalotten schälen und kleinwürfeln. ● 1 Eßlöffel Gänseschmalz in einem Suppentopf erhitzen und die Schalottenwürfel unter Umwenden glasig braten. Die zerkleinerten Champignons hinzufügen und kurz mitbraten. Mit der Geflügelbrühe auffüllen und alles zugedeckt bei schwacher Hitze 20 Minuten kochen lassen. ● Inzwischen die Hähnchenbrust in etwa ½ cm breite und 3 cm lange Streifen schneiden. Das restliche Gänseschmalz in einer Pfanne zerlassen und die Hähnchenbrustsreifen von allen Seiten darin anbraten. ● Die Champignonsuppe im Mixer pürieren oder durch ein Sieb streichen, mit der Sahne verrühren und mit Salz und Pfeffer abschmecken. ● Die Salbeiblätter abbrausen, trockentupfen und streifig schneiden. Die zurückbehaltenen Pilze in Scheiben schneiden und mit dem Salbei und den Hähnchenbruststreifen über die Suppe streuen.

Bohnensuppe mit Lamm

Eine Suppe aus den klassischen Bestandteilen grüne Bohnen und Lamm.

Zutaten für 4 Portionen:
350 g Lammkeule ohne Knochen · 2 Zwiebeln ·
2 Knoblauchzehen · ½ Bund Bohnenkraut ·
800 g grüne Schnittbohnen · 3 Eßl. Keimöl ·
knapp 1 l heiße Gemüsebrühe, selbst gekocht oder
aus Würfeln · 2 große Tomaten · ½ Bund
Petersilie · Salz · 1 Prise Paprikapulver, edelsüß
Pro Portion etwa 1700 kJ/400 kcal
21 g Eiweiß · 28 g Fett · 19 g Kohlenhydrate

● Vorbereitungszeit: etwa 25 Minuten
● Garzeit: etwa 20 Minuten

So wird's gemacht: Das Fleisch waschen, abtrocknen und in gleich kleine Würfel schneiden; dabei eventuell anhaftendes Fett und Sehnen entfernen. ● Die Zwiebeln und die Knoblauchzehen schälen und kleinwürfeln. Das Bohnenkraut waschen. ● Die Bohnen waschen, auf einem Tuch abtropfen lassen, putzen und in 4 cm lange Stücke schneiden. ● Das Öl in einem großen Topf erhitzen und die Zwiebel- und die Knoblauchwürfel darin glasig braten. Das Fleisch hinzufügen und unter Umwenden braun anbraten. Die Bohnenstücke zum Fleisch geben und kurz mitbraten. ● Das Bohnenkraut in den Topf legen, die heiße Gemüsebrühe angießen und alles zugedeckt bei mittlerer Hitze etwa 15 Minuten kochen lassen. ● Inzwischen die Tomaten mit kochendheißem Wasser überbrühen, häuten, in kleine Würfel schneiden und dabei die harten Stielansätze entfernen. Die Petersilie waschen, trockenschleudern und kleinhacken. ● Die Tomatenwürfel in die Suppe geben und darin 5 Minuten leicht kochen lassen. Die Suppe mit Salz und dem Paprikapulver abschmecken und mit der Petersilie bestreut servieren.

Kräftige Rindfleischsuppe

Bild Seite 29

Wer sie als Vorsuppe essen möchte, sollte von allen Zutaten nur die Hälfte verwenden.

Zutaten für 4 Portionen:
800 g Rindfleisch (hohe Rippe) · 1 Petersilien-
wurzel · 2 große Möhren · 2 Stangen Lauch/
Porree · 1 Teel. Salz · 1 l Wasser · 1 grüne
Paprikaschote · 600 g mehligkochende
Kartoffeln · weißer Pfeffer, frisch gemahlen ·
½ Teel. Kräuter-Hefe-Extrakt · 1 Eßl. Borretsch,
frisch gehackt
Pro Portion etwa 2600 kJ/620 kcal
44 g Eiweiß · 34 g Fett · 37 g Kohlenhydrate

- Vorbereitungszeit: etwa 40 Minuten
- Garzeit: etwa 1½ Stunden

So wird's gemacht: Das Fleisch waschen und beiseite legen. Die Petersilienwurzel und die Möhren schälen, waschen und die Petersilienwurzel und 1 Möhre in grobe Stücke schneiden. Die zweite Möhre beiseite legen. Vom Lauch die Wurzelenden abschneiden und wegwerfen. Die dunkelgrünen Blattenden abschneiden, waschen und grob kleinschneiden. Die Lauchstangen beiseite legen. Die Lauchstücke, die grob zerschnittene Möhre und Petersilienwurzel mit dem Salz in einen Topf geben, das Wasser hinzufügen und alles zum Kochen bringen. • Das Fleisch ins kochende Wasser legen und 30 Minuten im offenen Topf kochen lassen, dabei wiederholt den sich bildenden Schaum abschöpfen. Das Fleisch sollte dabei von Wasser bedeckt sein; wenn nötig, etwas heißes Wasser hinzugießen. • Das Fleisch dann zugedeckt bei schwacher Hitze 1 weitere Stunde leicht kochen lassen. • Die übrige Möhre in Scheibchen schneiden. Die Lauchstangen längs halbieren, gründlich waschen, abtrocknen und in schräge Scheiben schneiden. Die Paprikaschote halbieren, vom Stielansatz, den Rippen und Kernen befreien, die Schotenhälften waschen und ebenfalls in Streifen schneiden. Die Kartoffeln schälen, waschen und in etwa 3 cm große Würfel schneiden. • 30 Minuten vor Ende der Garzeit das Fleisch aus der Brühe nehmen, die Brühe durch ein Sieb in einen anderen Topf gießen und das mitgekochte Gemüse mit einem Löffelrücken leicht ausdrücken, so daß der Gemüsesaft in die Brühe gelangt. • Das vorbereitete frische Gemüse mit den Kartoffelwürfeln in die Suppe geben. Die Suppe erneut zum Kochen bringen. • Vom Fleisch alle Fetteile abschneiden und das Fleisch in etwa 4 cm große Würfel schneiden. • Nachdem das Gemüse 10 Minuten gekocht hat, die Fleischwürfel wieder in die Suppe geben und diese mit Pfeffer und dem Kräuter-Hefe-Extrakt abschmecken. • Wenn das Gemüse weich ist, die Suppe anrichten und mit dem Borretsch bestreuen.

Sauerkrautsuppe mit Kasseler

Zutaten für 4 Portionen:
500 g Sauerkraut · 1 l Fleischbrühe, selbst ge-
kocht oder aus Würfeln · 1 große Zwiebel ·
2 grüne Paprikaschoten · 50 g durchwachsener
geräucherter Speck · 2 Eßl. Schweineschmalz ·
1 Eßl. Paprikapulver, edelsüß · 300 g Kasseler
Rippchen ohne Knochen · 100 g saure Sahne
Pro Portion etwa 2100 kJ/500 kcal
20 g Eiweiß · 42 g Fett · 12 g Kohlenhydrate

- Vorbereitungszeit: etwa 20 Minuten
- Garzeit: etwa 40 Minuten

So wird's gemacht: Das Sauerkraut kleinschneiden und beiseite stellen. • Die Fleischbrühe erhitzen. • Inzwischen die Zwiebel schälen und kleinwürfeln. Von den Paprikaschoten die Stielansätze, die Rippen und Kerne entfernen, die Schoten waschen, abtrocknen und in Streifen schneiden. Den Speck in kleine Würfel schneiden. • Das Schweineschmalz in einem Topf zerlassen und die Speckwürfel unter Umwenden darin ausbraten. Die Zwiebelwürfel und die Paprikastücke hinzufügen und alles unter Umwenden gut 5 Minuten anbraten. • Das Paprikapulver über das Gemüse stäuben und nach und nach mit der Fleischbrühe aufgießen. Das Sauerkraut in die Suppe geben und alles zugedeckt 40 Minuten bei schwacher Hitze kochen lassen. • Das Kasseler in kleine Würfel schneiden und in der Suppe erhitzen. • Die Suppe anrichten und die saure Sahne darübergeben.

Wirsingsuppe mit Hackklößchen

Zutaten für 4 Portionen:
1 Kopf Wirsing · 250 g Kartoffeln ·
3 Frühlingszwiebeln · 1 l Fleischbrühe, selbst gekocht oder aus Würfeln · 1 Eßl. Butterschmalz ·
1 Teel. Kümmel · 1 altbackenes Brötchen · ¼ l Wasser · 2 kleine Schalotten · 500 g gemischtes Hackfleisch · 1 Ei · 1 Eßl. Petersilie, frisch gehackt · 1 Messerspitze Salz · weißer Pfeffer, frisch gemahlen · 1 Prise Muskatnuß, frisch gerieben · 2 Zweige frischer Thymian
Pro Portion etwa 2400 kJ/570 kcal
40 g Eiweiß · 38 g Fett · 17 g Kohlenhydrate

- Vorbereitungszeit: etwa 30 Minuten
- Garzeit: etwa 25 Minuten

So wird's gemacht: Vom Wirsingkohl die äußeren schlechten Blätter entfernen, den Strunk kürzen und den Kopf in Blätter zerlegen. Die Wirsingblätter mehrmals gründlich waschen, trockenschleudern und dünn streifig schneiden. Die Kartoffeln schälen, waschen und würfeln. Die Frühlingszwiebeln waschen, abtrocknen, putzen und in schräge dünne Scheibchen schneiden. Die Fleischbrühe erhitzen. • Das Butterschmalz in einem Suppentopf zerlassen und die Zwiebelscheibchen unter Umwenden darin anbraten. Gut eine Handvoll Wirsingstreifen feinhacken und beiseite legen. Die restlichen Wirsingstreifen und die Kartoffeln hinzufügen, kurz mischen und mit der heißen Fleischbrühe übergießen. Den Kümmel hinzufügen und die Suppe zugedeckt bei schwacher Hitze 15 Minuten kochen lassen. • Inzwischen das Brötchen in Stücke brechen und in dem kalten Wasser einweichen. • Die Schalotten schälen und sehr fein hacken. Das Hackfleisch in einer Schüssel mit dem Ei, der Petersilie, dem Salz, Pfeffer, dem Muskat, den Zwiebelwürfeln und dem gut ausgedrückten Brötchen mischen. • Den Fleischteig gründlich durchkneten. Mit nassen Händen etwa walnußgroße Klößchen formen, diese in die Suppe geben und im offenen Topf bei schwacher Hitze in etwa 10 Minuten garziehen lassen. • Den Thymian waschen, trockenschleudern, die Blättchen von den Stielen streifen und vor dem Servieren mit dem gehackten Wirsing über die Suppe streuen.

Kastanien-Wildsuppe

Ein Hochgenuß bei einem festlichen Essen.

Zutaten für 6 Portionen:
1 kg Wildknochen mit anhaftendem Fleisch und Fleischabschnitte · 2 mittelgroße Möhren · 200 g Knollensellerie · 200 g Kartoffeln · 3 Eßl. Kokosfett · 1½ l Wasser · 1 Eßl. Korianderkörner · je 1 Teel. getrocknetes Basilikum und

Liebstöckel · ¼ geschälte Ingwerwurzel · 2 Messerspitzen Macispulver · 400 g Kastanien · ¼ l trockener Rotwein oder ungesüßter Johannisbeersaft · 1 Teel. Salz · 1 Teel. Paprikapulver, edelsüß · 2 Eßl. Tomatenmark · 2 Eßl. Butter · 2 Eigelbe · 100 g Sahne
Pro Portion etwa 2100 kJ/500 kcal
19 g Eiweiß · 26 g Fett · 43 g Kohlenhydrate

- Vorbereitungszeit: etwa 1 Stunde
- Garzeit: etwa 2 Stunden

Gewürzkörner, Kräuter oder Lorbeerblätter, die man nach dem Garen wieder entfernen möchte, bindet man am besten in ein Mullsäckchen und hängt sie während des Kochens in das Gericht hinein.

So wird's gemacht: Alle Knochen waschen und zerkleinern. Die Fleischabschnitte ebenfalls waschen. • Die Möhren, den Sellerie und die Kartoffeln schälen, waschen und in Würfel schneiden. • Das Kokosfett in einem großen Topf erhitzen und die Knochen mit den Fleischstücken darin von allen Seiten anbraten. Das Gemüse hinzufügen und mitbraten. Das Wasser über die Zutaten gießen und alles zum Kochen bringen. Während der ersten 20 Minuten wiederholt den sich bildenden Schaum abschöpfen. • Die Korianderkörner, das Basilikum, das Liebstöckel, die Ingwerwurzel und das Macispulver in ein kleines Mulltuch oder in ein dünnes Taschentuch einschlagen, zu einem Säckchen zu-

sammenbinden und dieses an einem Stück Küchengarn in die Suppe hängen. Die Suppe dann zugedeckt bei schwacher Hitze 1½ Stunden kochen lassen. • Inzwischen den Backofen auf 200° vorheizen. • Die Kastanien am spitzen Ende kreuzweise einschneiden und auf dem Backblech so lange rösten, bis die Schalen platzen; das dauert gut 20 Minuten. Die Kastanien dann schälen. • Das Gewürzsäckchen aus der Wildbrühe entfernen und die Brühe durch ein Haarsieb gießen. • Die Fleischstücke aus dem Sieb nehmen und in gleich kleine Würfel schneiden. Das in der Brühe garte Gemüse mit einem Löffelrücken durch ein Sieb in die Brühe drücken. • Die Wildbrühe mit dem Rotwein, dem Salz, dem Paprikapulver und dem Tomatenmark verrühren und kräftig abschmecken. • Die Butter in einem Topf zerlassen. Die Kastanien unter Umrühren hellgelb darin anbraten und mit ¼ l der Wildbrühe auffüllen. Die Kastanien zugedeckt bei schwacher Hitze 30 Minuten kochen lassen, im Mixer pürieren und mit dem Wildfleisch in die Brühe rühren. • Die Eigelbe mit der Sahne verquirlen. Die Suppe vom Herd nehmen und das Eigelb-Sahnegemisch in die Suppe rühren.

Makrelensuppe

Zutaten für 4 Portionen:
600 g Fischabschnitte wie Köpfe, Flossen und Schwänze · 1 große Zwiebel · 1 Stück unbehandelte Zitronenschale · 4 weiße Pfefferkörner · 1 Zweig Thymian · 1 Petersilienstengel · knapp 1 l Wasser · 600 g frische Makrelenfilets · ½ Teel. Salz · 250 g frische gepalte oder tiefgefrorene Erbsen · 2 Eßl. Speisestärke · ⅛ l Sahne · ⅛ l trockener Weißwein oder Fischsud · 2 Eßl. Dill, frisch geschnitten
Pro Portion etwa 2000 kJ/480 kcal
33 g Eiweiß · 28 g Fett · 17 g Kohlenhydrate

● Vorbereitungszeit: etwa 15 Minuten
● Garzeit: etwa 40 Minuten

So wird's gemacht: Die Fischabschnitte waschen und in einen Topf geben. Die Zwiebel schälen und in grobe Stücke schneiden. Mit der Zitronenschale, den Pfefferkörnern, dem Thymian, dem Petersilienstengel und dem Wasser zu den Fischabschnitten geben, zum Kochen bringen und im offenen Topf 30 Minuten kochen lassen. ● Inzwischen die Makrelenfilets kalt waschen und in etwa 3 cm breite Streifen schneiden. ● Den Fischsud vom Herd nehmen, durchseihen und mit dem Salz erneut zum Kochen bringen. Die Makrelenfilets und die Erbsen in den Sud geben und zugedeckt bei schwacher Hitze 6 Minuten leicht kochen lassen. ● Die Speisestärke mit wenig kaltem Wasser anrühren und nach 6 Minuten Kochzeit unter die Fischbrühe rühren. Die Suppe einmal aufwallen lassen, vom Herd nehmen und mit der Sahne und dem Weißwein vermischen. ● Die Suppe, wenn nötig, noch mit etwas Salz abschmecken und mit den Dillspitzen bestreut servieren.

Aalsuppe der Nordsee-Anrainer

Zutaten für 6 Portionen:
500 g Schinkenknochen · 1 große Zwiebel · 1 l Wasser · 1 Lorbeerblatt · 5 weiße Pfefferkörner · Salz · 150 g Backpflaumen ohne Stein · 1 große Birne · 1 Stück unbehandelte Zitronenschale · 1 Messerspitze gemahlener Zimt · 1 Eßl. Zucker · je ⅛ l trockener Weißwein oder Fischsud und Wasser · 1 kg küchenfertiger grüner Aal · Saft von 1 Zitrone · 150 g Knollensellerie · 2 große Möhren · 1 kleine Petersilienwurzel · 1 kleines Stück Lauch/Porree · 1 Eßl. Mehl · 6 Eßl.

Wasser · weißer Pfeffer, frisch gemahlen · 1 Prise Zucker
Pro Portion etwa 2700 kJ/640 kcal
28 g Eiweiß · 42 g Fett · 34 g Kohlenhydrate

● Vorbereitungszeit: etwa 15 Minuten
● Garzeit: etwa 1 Stunde

So wird's gemacht: Die Knochen waschen, in kochendem Wasser blanchieren und kalt abbrausen. Den Topf gründlich auswaschen. ● Die Zwiebel schälen, achteln und mit den blanchierten Knochen, dem Wasser, dem Lorbeerblatt, den Pfefferkörnern und 1 Teelöffel Salz zum Kochen bringen. Die Knochen 15 Minuten bei schwacher Hitze kochen lassen. ● Inzwischen die Backpflaumen halbieren. Die Birne schälen, achteln und vom Kerngehäuse befreien. Die Zitronenschale mit dem Zimt, dem Zucker, dem Wein, dem Wasser und dem Obst zum Kochen bringen. Alles zugedeckt 15 Minuten kochen lassen. Die Zitronenschale dann entfernen. ● Den gehäuteten Aal waschen und in 4 cm lange Stücke schneiden. Die Aalstücke mit etwas Zitronensaft beträufeln. ● Den Sellerie, die Möhren und die Petersilienwurzel schälen oder schaben, waschen und grob kleinschneiden. Den Lauch putzen, längs halbieren, waschen und in Stücke schneiden. ● Die Knochenbrühe durch ein Sieb in einen anderen Topf schütten. Das kleingeschnittene Gemüse 10 Minuten darin kochen lassen. ● Die Aalstücke zum Gemüse geben und in weiteren 15 Minuten zugedeckt bei schwacher Hitze garziehen lassen. ● Das Mehl mit dem kalten Wasser anrühren, die Suppe damit binden, einige Male aufkochen lassen und das Obst mit dem Kochsaft in die Suppe geben. ● Die Suppe mit Salz und Pfeffer, dem Zucker und dem restlichen Zitronensaft kräftig süßsauer abschmecken.

Bohnensuppe mit Klößchen

Bild Seite 39

Zutaten für 4 Portionen:
Für die Suppe: 150 g getrocknete weiße Bohnen ·
2 l Wasser · 1 Zweig frisches Bohnenkraut ·
2 Teel. getrocknetes Basilikum · ½ Teel.
Kümmel · ½ Teel. Koriander, grob zerstoßen ·
150 g Möhren · 1 rote Paprikaschote · 1 Stange
Staudensellerie · 1 Stange Lauch/Porree · 2 Eßl.
Öl · 1 Prise Muskatnuß, frisch gerieben · 1 Prise
gemahlener Piment · ½ Tasse Wasser · 1–2 Eßl.
gekörnte Gemüsebrühe · 2 Eßl. Zitronensaft
Für die Klößchen: 2 Eßl. Butter · 5 Eßl. Wasser ·
2 Teel. gekörnte Gemüsebrühe · 5 Eßl.
Maisgrieß · 1 Prise Muskatnuß, frisch gerieben ·
eventuell 1 Eßl. Magerquark oder 2–3 Eßl.
Wasser · Salz
Pro Portion etwa 1700 kJ/390 kcal
12 g Eiweiß · 19 g Fett · 47 g Kohlenhydrate

● Quellzeit: 8–12 Stunden
● Zubereitungszeit: 1½ Stunden

So wird's gemacht: Die Bohnen waschen und in
dem Wasser 8–12 Stunden quellen lassen. ●
Dann die Bohnen im Einweichwasser mit dem
Bohnenkraut, dem Basilikum, dem Kümmel
und dem Koriander zum Kochen bringen und
zugedeckt bei schwacher Hitze in 1½–2 Stunden
weich kochen. ● Inzwischen für die Klößchen
die Butter mit dem Wasser und der gekörnten
Brühe in einem Topf erhitzen. Den Maisgrieß
unter Rühren einrieseln lassen. Den Muskat
hinzufügen, die Masse einmal aufkochen lassen,
dann zugedeckt bei sehr schwacher Hitze etwa
20 Minuten ausquellen und anschließend abkühlen lassen. Sollte die Masse zu weich sein,
noch etwas Maisgrieß untermischen. Wenn sie

zu fest ist, den Quark oder das Wasser unterrühren. ● Für die Suppe die Möhren putzen, schälen, waschen und in dünne Scheiben schneiden.

Aus den Paprikaschoten wird der Stielansatz mit allen
Kernen entfernt. Die Schoten dann halbieren und
kleinwürfeln.

Die Paprikaschote vom Stielansatz und den
Kernen befreien, waschen und kleinwürfeln.
Vom Sellerie die harten Fasern abziehen, die
Stange waschen und in Scheiben schneiden.
Den Lauch putzen, sehr gründlich waschen und
in feine Ringe teilen. ● Das Öl erhitzen und das
Gemüse darin unter Rühren anbraten. Das Gemüse mit dem Muskat und dem Piment würzen.
Das Wasser dazugießen und das Gemüse zugedeckt bei schwacher Hitze in etwa 10 Minuten
weich dünsten. ● Inzwischen für die Klößchen
reichlich Salzwasser zum Kochen bringen. Von
der Maismasse mit angefeuchteten Teelöffeln
Klößchen abstechen und diese in dem Salzwasser knapp unter dem Siedepunkt etwa 10 Minuten ziehen lassen. Die gegarten Klößchen aus
dem Wasser heben und warm halten. ● Das gegarte Gemüse zur Bohnensuppe geben und alles
mit der gekörnten Gemüsebrühe und dem Zitronensaft abschmecken. ● Die Klößchen auf vorgewärmte Teller verteilen und mit der Suppe
übergießen.

Italienische Reissuppe

Zutaten für 4 Portionen:
6 Eßl. Langkornreis · 1 Zwiebel · 3 Stangen
Staudensellerie · 2 Eßl. Olivenöl ·
1 l Fleischbrühe, selbst gekocht oder aus
Würfeln · 4 Eßl. Parmesankäse, frisch gerieben
Pro Portion etwa 1050 kJ/250 kcal
9 g Eiweiß · 13 g Fett · 22 g Kohlenhydrate

● Vorbereitungszeit: etwa 10 Minuten
● Garzeit: etwa 40 Minuten

So wird's gemacht: Den Reis in einem Sieb kalt
abbrausen, bis das abtropfende Wasser klar ab-
fließt. Die Zwiebel schälen und kleinwürfeln.
Den Staudensellerie waschen, abtrocknen, die
Wurzel- und Blattenden abschneiden und die
groben Fäden abziehen. Die Staudensellerie-
stangen in Scheibchen schneiden. • Das Öl in
einem großen Topf erhitzen und den Reis mit
den Zwiebelwürfeln und den Selleriescheibchen
unter ständigem Umwenden darin glasig braten; das dauert ungefähr 10 Minuten. • Die
Fleischbrühe erhitzen, über den Reis gießen und
alles zugedeckt bei schwacher Hitze etwa 30 Minuten garen. • Die Suppe anrichten und den
Parmesankäse darüberstreuen.

Passierte Bohnensuppe

Zutaten für 4 Portionen:
¾ l Gemüsebrühe, selbst gekocht oder aus
Würfeln · 800 g weiße Bohnenkerne aus der
Dose · 1 Paket tiefgefrorenes Suppengrün (75 g) ·
2 Knoblauchzehen · 2 Zwiebeln · 3 Eßl.
Kokosfett · 2 Scheiben Vollkorntoastbrot ·
150 g Magerjoghurt · Salz · weißer Pfeffer,
frisch gemahlen · einige Spritzer Tabascosauce ·
2 Eßl. Petersilie, frisch gehackt

Pro Portion etwa 1800 kJ/430 kcal
17 g Eiweiß · 17 g Fett · 50 g Kohlenhydrate

● Zubereitungszeit: etwa 40 Minuten

So wird's gemacht: Die Gemüsebrühe zum Kochen bringen. Die Bohnenkerne aus der Dose
mit der Einlegeflüssigkeit in die Gemüsebrühe
rühren. Das tiefgefrorene Suppengrün dazugeben. Die Knoblauchzehen schälen, feinhacken
und ebenfalls in die Suppe geben. • Die Suppe
zugedeckt etwa 10 Minuten kochen lassen. • Inzwischen die Zwiebeln schälen und in Ringe
schneiden. Die Zwiebelringe in 2 Eßlöffeln Fett
in einer Pfanne goldgelb braten, dann vom
Herd nehmen und warm halten. Das restliche
Fett erhitzen, die Vollkornbrote in Würfel
schneiden, im Fett goldbraun braten und vom
Herd nehmen. • Die Bohnensuppe durch ein
Passiersieb streichen, mit dem Magerjoghurt
verrühren und mit Salz, Pfeffer und der Tabascosauce kräftig abschmecken. • Die Suppe noch
einmal erhitzen, aber nicht mehr kochen lassen.
Die Zwiebelringe und die Brotwürfel mit der
Petersilie über die Suppe streuen.

Die Bohnensuppe mit Klößchen wird mit viel Gemü- ▷
se zubereitet. Die Klößchen bestehen aus Maisgrieß
und Quark. Rezept Seite 37.

Geröstete Grießsuppe

Bild nebenstehend

*1 Möhre · ⅛ Sellerieknolle · 3 Eßl. Öl ·
70 g Grieß · 1 l Fleischbrühe, selbst gekocht oder
aus Würfeln · 50 g durchwachsener geräucherter
Speck · Salz · weißer Pfeffer, frisch gemahlen ·
4 Eßl. Schnittlauchröllchen*
Pro Portion etwa 1300 kJ/310 kcal
7 g Eiweiß · 21 g Fett · 24 g Kohlenhydrate

● Vorbereitungszeit: etwa 15 Minuten
● Garzeit: etwa 20 Minuten

So wird's gemacht: Die Zwiebeln schälen, dann
1 in Ringe schneiden und 1 würfeln. Vom Lauch
die dunkelgrünen Blätter und die Wurzelenden
abschneiden. Die gelben Stangen waschen, abtrocknen und in Ringe schneiden. Die Möhre
schälen, waschen und ebenfalls würfeln. Den
Sellerie schälen, gründlich waschen und würfeln. ● 2 Eßlöffel Öl in einem Topf erhitzen, die
Zwiebelwürfel und das Gemüse unter Rühren
darin hellgelb anbraten. ● Den Grieß hinzufügen, mitbraten und nach und nach mit der
Fleischbrühe unter ständigem Rühren langsam
auffüllen. ● Die Suppe dann bei schwacher Hitze zugedeckt 15 Minuten sanft kochen lassen. ●

◁ Für die geröstete Grießsuppe (von links nach rechts)
die Zwiebeln und das Gemüse würfeln und in Öl anbraten. Den Grieß einstreuen und unter Rühren anrösten, dann mit der Brühe aufgießen. Während die
Suppe gart, die Speckwürfel und die Zwiebelringe in
einer Pfanne knusprig braten. Über die fertige Suppe
streuen. Rezept auf dieser Seite.

Inzwischen den Speck in kleine Würfel schneiden. Das restliche Öl in einer Pfanne erhitzen,
den Speck darin ausbraten, die Zwiebelringe
hinzufügen und alles unter Umwenden goldgelb
braten. ● Die Suppe mit etwas Salz und Pfeffer
abschmecken, anrichten und mit den Speckwürfeln, den Zwiebelringen und dem Schnittlauch
bestreut servieren.

Variante: Mandel-Grießsuppe
50 g geschälte Mandeln in der Mandelmühle
zerkleinern, mit 60 g Grieß mischen und in
2 Eßlöffeln Butter unter Rühren goldgelb braten. 1 l Gemüsebrühe zum Grieß rühren und die
Suppe zugedeckt bei schwacher Hitze 15 Minuten schwach kochen lassen. Die Suppe mit Salz
und frisch gemahlenem weißem Pfeffer abschmecken und mit 2 Eßlöffeln frischer gehackter Zitronenmelisse bestreuen.

Bündner Gerstensuppe

Eine äußerst kräftige, vorzügliche Suppenmahl-
zeit, für deren Zubereitung man sich allerdings
Zeit nehmen muß.

*Zutaten für 4 Portionen:
500 g Kalbsknochen · 2 Stangen Lauch/Porree ·
2 mittelgroße Möhren · 200 g Knollensellerie ·
2 Zwiebeln · 2 Gewürznelken · 1 Lorbeerblatt ·
2 Eßl. Butter · 125 g mittelfeine Graupen
(Rollgerste) · 1 Teel. Salz · 2 Prisen weißer Pfeffer, frisch gemahlen · 300 g geräucherte
Schweinerippchen · 2 Eigelbe · ⅛ l Sahne ·
1 Bund Schnittlauch*
Pro Portion etwa 2900 kJ/690 kcal
21 g Eiweiß · 50 g Fett · 40 g Kohlenhydrate

● Vorbereitungszeit: etwa 30 Minuten
● Garzeit: etwa 2 Stunden

So wird's gemacht: Die Kalbsknochen in kochendes Wasser geben und 5 Minuten blanchieren. Die Knochen dann abgießen. Den Topf gut auswaschen und die Knochen von Wasser bedeckt erneut zum Kochen bringen. Den sich bildenden Schaum wiederholt abschöpfen. • Den Lauch putzen, waschen und in dünne Ringe schneiden. Die Möhren und den Sellerie schälen, waschen und in kleine Würfel schneiden. Die Zwiebeln schälen. 1 Zwiebel würfeln, die andere Zwiebel mit den Gewürznelken und dem Lorbeerblatt bestecken. • Die Butter in einem großen Topf zerlassen und das Gemüse mit den Zwiebelwürfeln darin unter Umwenden goldgelb braten. • Die Graupen in das kochende Wasser mit den Kalbsknochen rieseln lassen, die Zwiebel, das Salz und den Pfeffer hinzufügen und alles zugedeckt bei schwacher Hitze 2 Stunden kochen lassen. • Das Fleisch von den Rippchen würfeln und in den letzten 10 Minuten in der Suppe erhitzen. • Die Eigelbe mit der Sahne verquirlen. Den Schnittlauch waschen, trockenschleudern und in Röllchen schneiden. • Die Suppe vom Herd nehmen, die Kalbsknochen entfernen und die Eigelb-Sahne unter die Suppe rühren. Die Suppe anrichten und mit dem Schnittlauch bestreut servieren.

Geröstete Grünkernsuppe

Bild Seite 9

Zutaten für 4 Portionen:
1 Eßl. Butter · 60 g Grünkernschrot ·
¾ l Gemüsebrühe, frisch gekocht oder aus
Würfeln · 2–3 Frühlingszwiebeln · ½ Bund
Petersilie · Salz
Pro Portion etwa 420 kJ/100 kcal
3 g Eiweiß · 4 g Fett · 15 g Kohlenhydrate

● Zubereitungszeit: etwa 20 Minuten

So wird's gemacht: Die Butter erhitzen. Den Grünkernschrot dazugeben und unter Rühren anrösten, bis er würzig duftet. • Die Gemüsebrühe dazugießen und zum Kochen bringen. Die Suppe bei schwacher Hitze zugedeckt etwa 10 Minuten köcheln lassen. Dabei immer wieder umrühren. • Inzwischen die Frühlingszwiebeln putzen, waschen und in feine Röllchen schneiden. Die Petersilie waschen, trockenschleudern und feinhacken. • Die Suppe mit Salz abschmecken und mit den Zwiebelringen und der Petersilie bestreut sofort servieren.

Grünkernsuppe mit Gemüse

Zutaten für 4 Portionen:
200 g Grünkern · 1 l Wasser · 2 Würfel Gemüsebrühe · 150 g Möhren · 100 g Zuckerschoten · 100 g frische ausgepalte Erbsen ·
100 g Maiskörner aus der Dose · eventuell
Salz · 2 Eßl. gemischte Kräuter, frisch gehackt
Pro Portion etwa 1100 kJ/260 kcal
10 g Eiweiß · 2 g Fett · 50 g Kohlenhydrate

● Quellzeit: 12 Stunden
● Vorbereitungszeit: etwa 30 Minuten
● Garzeit: etwa 30 Minuten

So wird's gemacht: Den Grünkern von Wasser bedeckt 12 Stunden quellen lassen. • Dann das Wasser mit den Gemüsebrühwürfeln zum Kochen bringen. • Den Grünkern in einem Sieb abbrausen, ins kochende Wasser schütten und zugedeckt leicht kochen lassen. • Die Möhren schälen, waschen und in dünne Scheiben schneiden. Die Zuckerschoten gegebenenfalls von den Fäden befreien, die Schotenhälften waschen und abtropfen lassen. Die Möhrenscheiben mit den Zuckerschoten, den Erbsen und den Maiskörnern zum Grünkern geben und alles insgesamt 30 Minuten leicht kochen lassen. • Die Suppe mit etwas Salz abschmecken und mit den Kräutern bestreut servieren.

Passierte Kichererbsensuppe

Zutaten für 4 Portionen:
300 g Kichererbsen · 2 l Wasser · ½ Teel. getrocknete Rosmarinnadeln · 1 Teel. getrocknetes Basilikum · 1 mittelgroße Möhre · 1 kleine Petersilienwurzel · 100 g Knollensellerie · 2 Messerspitzen Safranpulver · 1 Prise Cayennepfeffer · ½ Teel. Salz · 4 Eßl. Crème fraîche · 2 Eßl. Schnittlauchröllchen
Pro Portion etwa 1500 kJ/360 kcal
17 g Eiweiß · 10 g Fett · 48 g Kohlenhydrate

● Quellzeit: 12 Stunden
● Vorbereitungszeit: etwa 20 Minuten
● Garzeit: etwa 2 Stunden

So wird's gemacht: Die Kichererbsen gründlich waschen, in einen Topf schütten und mit dem Wasser bedeckt 12 Stunden quellen lassen. • Dann die Kichererbsen im Einweichwasser mit dem Rosmarin und dem Basilikum zum Kochen bringen und während der ersten 30 Minuten wiederholt den sich bildenden Schaum abschöpfen. • Inzwischen die Möhre und die Petersilienwurzel schälen, waschen und kleinwürfeln. Den Knollensellerie schälen, waschen und ebenfalls kleinwürfeln. Nach 1½ Stunden das Gemüse zu den Kichererbsen geben und diese zugedeckt bei schwacher Hitze in weiteren

30 Minuten garen. • Danach durch ein Sieb passieren, mit dem Safran verrühren und mit dem Cayennepfeffer und dem Salz abschmecken. • Die Suppe in Tassen anrichten, auf jede Portion 1 Eßlöffel Crème fraîche geben und darauf die Schnittlauchröllchen streuen.

Passierte Erbsensuppe

Zutaten für 4 Portionen:
300 g grüne getrocknete Erbsen · 1 Schinkenknochen · 1 Teel. Salz · 1 große Zwiebel · 1 Stange Lauch/Porree · 1 Möhre · 1 Petersilienwurzel · 1 Messerspitze getrockneter Majoran · weißer Pfeffer, frisch gemahlen · 1 gepökeltes Kasseler-Rippchen von etwa 250 g · 3 Eßl. Kresseblättchen
Pro Portion etwa 2200 kJ/520 kcal
33 g Eiweiß · 19 g Fett · 54 g Kohlenhydrate

● Quellzeit: 12 Stunden
● Vorbereitungszeit: etwa 20 Minuten
● Garzeit: etwa 1½ Stunden

So wird's gemacht: Die Erbsen in stehendem Wasser waschen und dabei verlesen, das heißt, schlechte Erbsen schwimmen nach oben und können weggenommen werden. Die Erbsen dann mit frischem Wasser bedeckt 12 Stunden quellen lassen. • Die Erbsen mit dem Einweichwasser, dem Schinkenknochen und so viel Wasser, daß alles davon bedeckt ist, zum Kochen bringen und den sich bildenden Schaum mehrmals abschöpfen. • Wenn sich kein Schaum mehr bildet, das Salz zu den Erbsen geben und diese zugedeckt bei schwacher Hitze in insgesamt 1½ Stunden weich kochen lassen. • Inzwischen die Zwiebel schälen und in Würfel schneiden. Vom Lauch die Wurzelenden und die dunkelgrünen Blattspitzen abschneiden, den

Lauch längs halbieren, gründlich waschen und in etwa 4 cm lange Stücke schneiden. Die Möhre und die Petersilienwurzel schälen, waschen und kleinwürfeln. Das Gemüse nach 1 Stunde Garzeit zu den Erbsen geben und während der letzten 30 Minuten mitgaren. • Den Knochen entfernen, die Erbsen mit dem Gemüse durch ein Sieb passieren und die Suppe mit dem Majoran und Pfeffer abschmecken. • Das Fleisch von dem Rippchen lösen, kleinwürfeln, in die Suppe geben und einige Minuten darin erhitzen. • Die Suppe anrichten und mit den Kresseblättchen bestreut servieren.

Suppe aus Azukibohnen

Zutaten für 4 Portionen:
250 g Azukibohnen · ¾ l Wasser ·
½ Lorbeerblatt · ½ Teel. getrockneter Majoran ·
2 Eßl. Maisgrieß · ½ Würfel Gemüsebrühe ·
2 grüne Paprikaschoten · 3 Schalotten ·
1 Knoblauchzehe · 1 Eßl. Kokosfett · Salz ·
schwarzer Pfeffer, frisch gemahlen · 1 Eßl.
Thymianblättchen
Pro Portion etwa 1300 kJ/310 kcal
16 g Eiweiß · 6 g Fett · 48 g Kohlenhydrate

● Quellzeit: 12 Stunden
● Vorbereitungszeit: etwa 30 Minuten
● Garzeit: etwa 1½ Stunden

So wird's gemacht: Die Azukibohnen in stehendem Wasser waschen und schlechte Bohnen und Schmutzteilchen, die an die Oberfläche steigen, abschöpfen. Die Bohnen noch einmal abbrausen, in einen Topf geben und in dem Wasser 12 Stunden quellen lassen. • Die Bohnen dann mit dem Lorbeerblatt und dem Majoran zum Kochen bringen; zu Beginn mehrmals den sich bildenden Schaum abschöpfen und die

Bohnen dann zugedeckt bei schwacher Hitze in 1½ Stunden gar kochen. • Nach 1 Stunde Kochzeit den Maisgrieß in die Suppe streuen und den Gemüsebrühwürfel hinzufügen. Einige Male gut umrühren und alles zugedeckt weitergaren. • Die Paprikaschoten halbieren, von Stielansätzen, Rippen und Kernen befreien, die Schotenhälften waschen, abtrocknen und in Streifen schneiden. Die Paprikastreifen in die Suppe geben. • Die Schalotten und die Knoblauchzehe schälen und beides feinwürfeln. Das Kokosfett in einer Pfanne erhitzen und die Schalottenwürfel mit dem Knoblauch unter Umwenden darin hellbraun anbraten. • Die Suppe eventuell mit Salz und Pfeffer abschmekken, die Schalottenwürfel und den Knoblauch darübergeben und die Suppe mit den Thymianblättchen bestreut servieren.

Bohnensuppe mit Tomaten

Zutaten für 4 Portionen:
200 g getrocknete weiße Bohnenkerne · 1 Bund
Suppengrün · 1 große Zwiebel · 1 große Möhre ·
2 grüne Paprikaschoten · 1 Teel. Salz · 1 Eßl.
Paprikapulver, edelsüß · weißer Pfeffer, frisch
gemahlen · 400 g Fleischtomaten ·
50 g geräucherter durchwachsener Speck ·
2 Eßl. Dillspitzen, frisch geschnitten ·
Pro Portion etwa 1300 kJ/310 kcal
16 g Eiweiß · 10 g Fett · 42 g Kohlenhydrate

● Quellzeit: 12 Stunden
● Vorbereitungszeit: etwa 15 Minuten
● Garzeit: etwa 1½ Stunden

So wird's gemacht: Die Bohnen in stehendem Wasser waschen und verlesen. Dann mit frischem Wasser bedeckt 12 Stunden quellen lassen. • Die Bohnen mit dem Einweichwasser zum Kochen bringen und den sich bildenden Schaum mehrmals abschöpfen. • Inzwischen das Suppengrün putzen, waschen, grob kleinschneiden und zu den Bohnen geben. Die Bohnen dann zugedeckt in 1½ Stunden garen. • Die Zwiebel schälen und kleinwürfeln. Die Möhre schälen, waschen und ebenfalls kleinwürfeln. Die Paprikaschoten halbieren, putzen, waschen und in Stücke schneiden. • Das Gemüse etwa 20 Minuten vor Ende der Garzeit zu den Bohnen geben und in der Suppe mitgaren. Die Suppe mit dem Salz, dem Paprikapulver und Pfeffer würzen. • Die Tomaten mit kochendheißem Wasser überbrühen, häuten, würfeln und ebenfalls zu den Bohnen geben. • Den Speck kleinwürfeln, in einer trockenen Pfanne knusprig braun ausbraten und mit dem kleingeschnittenen Dill über die Suppe streuen.

Braune Linsensuppe

Zutaten für 4 Portionen:
250 g Linsen · 1¼ l Wasser · 250 g geräucherter Schweinebauch · 1 Teel. Salz · 1 große Möhre · 1 große Zwiebel · 200 g Knollensellerie · 2 große Kartoffeln · schwarzer Pfeffer, frisch gemahlen · eventuell 5 Eßl. trockener Rotwein
Pro Portion etwa 2500 kJ/600 kcal
26 g Eiweiß · 27 g Fett · 59 g Kohlenhydrate

● Vorbereitungszeit: etwa 20 Minuten
● Garzeit: etwa 1½ Stunden

So wird's gemacht: Die Linsen in stehendem Wasser waschen und verlesen. • Die Linsen mit dem frischen Wasser zum Kochen bringen. • Den Schweinebauch und das Salz zu den Linsen geben und alles zugedeckt bei schwacher Hitze in etwa 1½ Stunden garen. • Die Möhre schälen, waschen und in Stifte schneiden. Die

Zwiebel, den Sellerie und die Kartoffeln schälen, waschen und kleinwürfeln. • Nach 1 Stunde Garzeit das Gemüse zu den Linsen geben und darin mitgaren. • Die Linsensuppe vor dem Servieren mit Pfeffer, etwas Salz und eventuell dem Rotwein abschmecken. Den Schweinebauch in kleine Würfel schneiden und wieder in die Suppe geben.

Linsensuppe mit Knoblauch

Zutaten für 4 Portionen:
250 g geschälte rote Linsenhälften · 1 l kräftige Geflügelbrühe, selbst gekocht oder aus Würfeln · 2 Zwiebeln · 2 sehr reife Tomaten · 4 Knoblauchzehen · 2 Eßl. Butter · Salz · schwarzer Pfeffer, frisch gemahlen · ½ Teel. gemahlener Kreuzkümmel
Pro Portion etwa 1400 kJ/330 kcal
17 g Eiweiß · 10 g Fett · 43 g Kohlenhydrate

● Vorbereitungszeit: etwa 20 Minuten
● Garzeit: etwa 25 Minuten

So wird's gemacht: Die Linsen waschen und dabei verlesen. • Die Geflügelbrühe in einem Topf zum Kochen bringen und die Linsen hineinschütten. • Die Zwiebeln schälen und würfeln. Die Tomaten mit kochendheißem Wasser überbrühen, häuten, vierteln und die harten Stielansätze entfernen. Die Knoblauchzehen schälen und kleinwürfeln. • Den Knoblauch und die Tomatenstücke zu den Linsen geben und mitgaren. • Die Butter in einer Pfanne erhitzen und die Zwiebelwürfel darin unter Rühren knusprig braun braten. • Die Suppe mit Salz, Pfeffer und dem Kreuzkümmel abschmecken und mit den Zwiebelwürfeln bestreut servieren.

Griechische Zitronensuppe

Bild 2. Umschlagseite

Zutaten für 4 Portionen:
300 g Kalbskeule · 2 Kalbsknochen · 1½ l
Wasser · 1 Teel. Salz · 1 Zwiebel · ½ Stange
Lauch/Porree · 1 große Möhre · 2 Petersilien-
stiele · 1 Zweig frischer Thymian · 100 g Lang-
kornreis · Saft von 1 Zitrone · 3 Eigelbe ·
5 Eßl. Sahne · weißer Pfeffer, frisch gemahlen ·
1 Prise Zucker · 1 unbehandelte Zitrone ·
4 Eßl. Petersilie, frisch gehackt
Pro Portion etwa 1200 kJ/290 kcal
21 g Eiweiß · 12 g Fett · 27 g Kohlenhydrate

● Vorbereitungszeit: etwa 30 Minuten
● Garzeit einschließlich Abkühlzeit: etwa
  3 Stunden und 25 Minuten

So wird's gemacht: Das Kalbfleisch und die
Kalbsknochen gründlich kalt waschen. • Das
Wasser mit dem Salz zum Kochen bringen. Das
Fleisch und die Knochen hineinlegen, kochen
lassen und während der ersten 20 Minuten den
sich bildenden Schaum wiederholt abschöpfen. • Die Zwiebel inzwischen schälen und halbieren. Den Lauch putzen, waschen und grob
kleinschneiden. Die Möhre schälen, waschen
und ebenfalls grob kleinschneiden. Die Kräuter
waschen. Das Gemüse und die Kräuter nach
dem Abschäumen zum Fleisch geben und alles
weitere 40 Minuten kochen lassen. • Die Kalbs-
brühe durch ein angefeuchtetes Tuch gießen,
abkühlen lassen und das erstarrte Fett entfernen. Das Kalbfleisch in etwa 3 cm große Würfel
schneiden. • Die Brühe erneut zum Kochen
bringen und im offenen Topf auf knapp 1 l
Flüssigkeit einkochen lassen. • Inzwischen den
Reis mehrmals waschen, dann in die kochende

Brühe schütten, einmal gut umrühren und den
Reis in etwa 20 Minuten garen. • Das Fleisch
wieder in die Suppe geben und darin erwärmen.
Die Suppe mit dem Zitronensaft verrühren. Die
Eigelbe und die Sahne verquirlen. Die Suppe
mit Salz, Pfeffer und dem Zucker abschmekken. • Die Suppe vom Herd nehmen und mit
der Eigelb-Sahne mischen. • Die Zitrone heiß
waschen, und aus der Mitte 4 dünne Scheiben
schneiden. • Die Zitronensuppe in Suppentellern anrichten, auf jede Portion 1 Zitronenschei-
be legen und die Petersilie darumstreuen.

Schnelle Currysuppe

Zutaten für 4 Portionen:
2 mittelgroße Zwiebeln · 1 großer säuerlicher
Apfel · 1 Eßl. Butter · 2 gehäufte Eßl. Mehl ·
2–3 Teel. Currypulver · 1 gute Messerspitze
Zucker · ¾ l Fleischbrühe, selbst gekocht oder aus
Würfeln · 250 g Putenwurst · ⅛ l Sahne
Pro Portion etwa 1300 kJ/310 kcal
18 g Eiweiß · 18 g Fett · 17 g Kohlenhydrate

● Vorbereitungszeit: etwa 10 Minuten
● Garzeit: etwa 15 Minuten

So wird's gemacht: Die Zwiebeln schälen und
kleinwürfeln. Den Apfel waschen, abtrocknen,
vierteln, vom Kerngehäuse befreien und die
Apfelviertel mit der Schale grobraspeln. • Die
Butter in einem Suppentopf zerlassen, die Zwiebelringe und die Apfelraspel darin anbraten;
das dauert etwa 5 Minuten. • Das Mehl über
die Zwiebelringe und die Apfelraspel stäuben
und unter Rühren kurz mitbraten. Das Currypulver bis auf einen kleinen Rest und den Zuk-
ker hinzufügen und alles nach und nach mit der
Fleischbrühe aufgießen. • Die Suppe zugedeckt
bei schwacher Hitze 10 Minuten kochen lassen. • Die Putenwurst in Würfel schneiden und

in die Suppe geben. • Die Sahne steif schlagen. • Die Suppe in Suppentellern anrichten und jede Portion mit Schlagsahne garnieren. Diese mit dem restlichen Curry bestreuen.

Ungarische Gulaschsuppe

Zutaten für 4 Portionen:
500 g Rinderschulter · 250 g Zwiebeln · 1 Bund Suppengrün · 3 Eßl. Schweineschmalz · 1 Teel. Salz · 1 Teel. Rosenpaprikapulver · je 1 Prise gemahlener Kümmel und getrockneter Majoran · 400 g reife Tomaten · 2 grüne Paprikaschoten · 1 l Wasser · 400 g mehligkochende Kartoffeln · eventuell 5 Eßl. trockener Weißwein
Pro Portion etwa 2400 kJ/570 kcal
29 g Eiweiß · 36 g Fett · 31 g Kohlenhydrate

● Vorbereitungszeit: etwa 30 Minuten
● Garzeit: etwa 1½ Stunden

So wird's gemacht: Das Fleisch waschen, abtrocknen, in kleine Würfel schneiden und dabei alle Häutchen und Sehnen entfernen. Die Zwiebeln schälen und in Ringe schneiden. Die Ringe noch einmal halbieren. Das Suppengrün putzen, waschen und grob kleinschneiden. • Das Schweineschmalz in einem großen Topf zerlassen und die Zwiebelringe darin hellgelb anbraten. Die Fleischstücke hinzufügen und unter öfterem Umwenden im eigenen Saft 10 Minuten dünsten • Mit dem Salz, dem Paprikapulver, dem Kümmel und dem Majoran würzen und 10 Minuten garen. • Die Tomaten mit kochendheißem Wasser überbrühen, häuten, vierteln, von den harten Stielansätzen befreien und zum Fleisch geben. Die Paprikaschoten halbieren, von Rippen und Kernen befreien, die Schotenhälften waschen, abtrocknen und in Streifen schneiden. Die Paprikastreifen ebenfalls zum Fleisch geben, mit dem Wasser auffüllen und die Suppe zugedeckt bei schwacher Hitze 1 Stunde sacht kochen lassen. • Die Kartoffeln schälen, waschen, würfeln und 30 Minuten vor Ende der Garzeit in die Suppe geben. Die Kartoffeln sollen leicht zerfallen und die Suppe binden. • Die Suppe vor dem Servieren noch einmal kräftig abschmecken und nach Wunsch mit dem Weißwein abrunden.

Spanische Paprikasuppe

Zutaten für 4 Portionen:
400 g mehligkochende Kartoffeln · ¾ l Fleischbrühe, selbst gekocht oder aus Würfeln · je 2 grüne und rote Paprikaschoten · 1 große Zwiebel · 1 Knoblauchzehe · 2 Eßl. Olivenöl · 100 g gekochter Schinken im Stück, ohne Fettrand · 1 Bund Schnittlauch · 4 Eßl. Crème fraîche
Pro Portion etwa 1400 kJ/330 kcal
11 g Eiweiß · 20 g Fett · 27 g Kohlenhydrate

● Vorbereitungszeit: etwa 25 Minuten
● Garzeit: etwa 20 Minuten

So wird's gemacht: Die Kartoffeln schälen, gründlich kalt abbrausen und in nicht zu kleine Würfel schneiden. • Die Fleischbrühe zum Kochen bringen, die Kartoffelwürfel hineinschütten und zugedeckt bei schwacher Hitze etwa 15 Minuten kochen lassen. • Inzwischen die Paprikaschoten von Stielansätzen, Rippen und Kernen befreien, die Schotenhälften waschen, abtrocknen, längs in Streifen schneiden und diese noch einmal quer halbieren. Die Zwiebel und die Knoblauchzehe schälen und beides sehr fein hacken. • Das Olivenöl in einer Pfanne erhitzen und die Zwiebel- und Knoblauchwürfel unter Umwenden darin glasig braten. Die Paprikastreifen hinzufügen und unter Umwenden etwa

5 Minuten braten. • Alles zu den Kartoffeln geben und noch weitere 5 Minuten kochen lassen. • Den Schinken in Würfel schneiden und in der Suppe erwärmen. • Den Schnittlauch waschen, trockenschleudern und mit der Küchenschere in Röllchen schneiden. • Die Suppe in vier Suppentellern anrichten, auf jede Portion 1 Eßlöffel Crème fraîche geben und darauf den Schnittlauch streuen.

Brüsseler Chicoréesuppe

Zutaten für 4 Portionen:
500 g Chicorée · 2 große Zwiebeln · 1 l Fleischbrühe, selbst gekocht oder aus Würfeln · 1 Bund Petersilie · 50 g geräucherter durchwachsener Speck · 3 Eßl. Mehl · Salz · weißer Pfeffer, frisch gemahlen · 1 Prise Muskatnuß, frisch gerieben · 4 Eßl. saure Sahne
Pro Portion etwa 770 kJ/180 kcal
6 g Eiweiß · 11 g Fett · 15 g Kohlenhydrate

● Vorbereitungszeit: etwa 20 Minuten
● Garzeit: etwa 15 Minuten

So wird's gemacht: Die welken Blätter der Chicoréestauden entfernen, das Wurzelende etwas kürzen und aus dem Strunk einen spitzen Keil herausschneiden, da hier die meisten Bitterstoffe sitzen. Die Chicoréestauden waschen, abtrocknen und in Streifen schneiden. Die Zwiebeln schälen und möglichst klein würfeln. • Die Fleischbrühe erhitzen. • Die Petersilie waschen, trockenschleudern und kleinschneiden. • Den Speck in Würfel schneiden und in einem Suppentopf ausbraten. Die Zwiebelwürfel zum Speck geben und unter Umwenden glasig braten; das dauert etwa 5 Minuten. • Die Chicoréestreifen hinzufügen, das Mehl darüberstäuben und unter Umrühren hellgelb anbraten. Nach

und nach mit der heißen Fleischbrühe aufgießen und die Suppe zugedeckt bei schwacher Hitze 10 Minuten kochen lassen. • Die Suppe mit Salz, Pfeffer und dem Muskat abschmecken und mit der sauren Sahne verrühren. Die Suppe vor dem Servieren mit der Petersilie bestreuen.

Kärntner Kirchweihsuppe

Eine schmackhafte Suppe, die dem festlichen Anlaß gerecht wird.

Zutaten für 4 Portionen:
je 200 g Kalbsschulter, Rinderschulter und Lammschulter · 2 Hühnerkeulen · 2 Bund Suppengrün · 1¾ l Wasser · 8 schwarze Pfefferkörner · 2 Gewürznelken · 1 Stück Zimtrinde von etwa 1 cm Länge · je 1 Prise gemahlener Anis und Ingwerpulver · ½ Teel. getrocknetes Basilikum · ½ Päckchen Safran · ¼ l Sahne · 2 Eigelbe · 4 Eßl. Mehl · eventuell 6 Eßl. trockener Weißwein · Salz · weißer Pfeffer, frisch gemahlen
Pro Portion etwa 3500 kJ/830 kcal
51 g Eiweiß · 58 g Fett · 20 g Kohlenhydrate

● Vorbereitungszeit: etwa 30 Minuten
● Garzeit: etwa 1½ Stunden

So wird's gemacht: Das Fleisch und die Hühnerkeulen waschen. Das Suppengrün putzen, waschen und grob kleinschneiden. Die Rinder- und die Lammschulter mit dem Suppengrün, den Pfefferkörnern und den Gewürznelken in einen Topf geben, mit dem Wasser übergießen und langsam zum Kochen bringen. • Während der ersten 30 Minuten Kochzeit wiederholt den sich bildenden Schaum abschöpfen. • Anschließend das Kalbfleisch, die Hühnerkeulen, den

Zimt, den Anis, den Ingwer, das Basilikum und den Safran hinzufügen und alles 1 weitere Stunde kochen lassen; den Topf dabei bis auf einen Spalt breit zudecken. • Die Sahne mit den Eigelben und dem Mehl zu einer glatten Masse verrühren. • Wenn das Fleisch weich ist, das Fleisch aus der Suppe nehmen und die Brühe durch ein Sieb gießen. Das Suppengemüse leicht mit einem Löffelrücken durch das Sieb in die Brühe ausdrücken, dann wegwerfen. • Das Fleisch von den Knochen lösen, in kleine Würfel schneiden und wieder in die Suppe geben. • Das Sahne-Eigelbgemisch in die Suppe rühren, kurz vor dem Aufkochen vom Herd nehmen und die Suppe nach Wunsch mit dem Weißwein abrunden. Die Suppe mit Salz und Pfeffer abschmecken.

Wiener Kartoffelsuppe

Zutaten für 4 Portionen:
1 mittelgroße Zwiebel · 3 große Knoblauchzehen · 100 g Möhren · 150 g Knollensellerie · 50 g durchwachsener geräucherter Speck · 1 Eßl. Butterschmalz · ¾ l heiße Fleischbrühe, selbst gekocht oder aus Würfeln · 600 g mehligkochende Kartoffeln · weißer Pfeffer, frisch gemahlen · 1 Messerspitze getrockneter Majoran · 200 g Steinpilze oder Egerlinge · 2 Eßl. Petersilie, frisch gehackt
Pro Portion etwa 1300 kJ/310 kcal
8 g Eiweiß · 14 g Fett · 35 g Kohlenhydrate

● Vorbereitungszeit: etwa 35 Minuten
● Garzeit: etwa 30 Minuten

So wird's gemacht: Die Zwiebel schälen und in feine Würfel schneiden. Die Knoblauchzehen schälen und feinhacken. Die Möhren schälen, waschen und kleinwürfeln. Den Sellerie schälen, waschen und ebenfalls kleinwürfeln. Den Speck in gleich kleine Würfel schneiden. • Das Butterschmalz in einem großen Topf erhitzen und die Zwiebelwürfel mit den Knoblauchstückchen darin glasig braten. Die Gemüsewürfel und die Speckwürfel hinzufügen und alles unter Umwenden hellgelb anbraten. • Die heiße Fleischbrühe zum Gemüse geben und zugedeckt zum Kochen bringen. • Inzwischen die Kartoffeln schälen, waschen und in gleich kleine Würfel schneiden. Die Kartoffelwürfel mit etwas Pfeffer und dem Majoran in die Brühe geben und in etwa 20 Minuten darin garen. • Inzwischen die Steinpilze oder Egerlinge putzen, kalt abbrausen, blättrig schneiden und in den letzten 10 Minuten in der Suppe garen. • Die Suppe vor dem Servieren mit der Petersilie bestreuen.

Schtschi

Die russische Sauerkrautsuppe darf in einer Suppensammlung nicht fehlen.

Zutaten für 4 Portionen:
1½ l Wasser · 1 Lorbeerblatt · 1 Teel. Salz · 500 g Rindernacken · 1 große Möhre · 2 Zwiebeln · 1 Stange Lauch/Porree · 1 kleine Petersilienwurzel · 500 g Sauerkraut · 1 Teel. Kümmel · 100 g durchwachsener geräucherter Speck · schwarzer Pfeffer, frisch gemahlen · ½ Teel. Zucker · ⅛ l saure Sahne
Pro Portion etwa 2300 kJ/550 kcal
31 g Eiweiß · 41 g Fett · 16 g Kohlenhydrate

● Vorbereitungszeit: etwa 30 Minuten
● Garzeit: etwa 1 Stunde und 40 Minuten

So wird's gemacht: Das Wasser mit dem Lorbeerblatt und dem Salz zum Kochen bringen. • Das Fleisch kalt waschen, ins kochende Wasser legen und im offenen Topf etwa 40 Minuten sprudelnd kochen lassen, dabei den sich bildenden Schaum wiederholt abschöpfen. • Inzwischen die Möhre schaben, waschen und würfeln. Die Zwiebeln schälen und ebenfalls würfeln. Vom Lauch das Wurzelende und die dunkelgrünen Blattspitzen abschneiden, das helle Stück längs halbieren, gründlich waschen und in Scheibchen schneiden. Die Petersilienwurzel schaben, waschen und kleinwürfeln. Das Sauerkraut feinschneiden. • Nach etwa 40 Minuten Kochzeit hört die Schaumbildung auf. Alles vorbereitete Gemüse und den Kümmel dann in die Suppe geben und diese zugedeckt bei schwacher Hitze knapp 1 weitere Stunde kochen lassen. • Den Speck würfeln und in einer Pfanne knusprig braun ausbraten. • Das gare Fleisch aus der Suppe heben und in Würfel schneiden. • Die Suppe mit Pfeffer, dem Zucker und, wenn nötig, noch mit Salz abschmecken. Die Fleisch- und die Speckwürfel in die Suppe geben und in die Mitte die saure Sahne füllen.

Borschtsch

Russische Rote-Bete-Suppe

Zutaten für 4 Portionen:
1½ l Wasser · 1 Teel. Salz · 1 Prise weißer Pfeffer, frisch gemahlen · 500 g Rindernacken · 100 g Schweinebauch · 500 g Weißkohl · 4 rote Bete · 1 Eßl. Weißweinessig · 1 Petersilienwurzel · 200 g Knollensellerie · 1 große Zwiebel · 1 kleine Stange Lauch/Porree · ⅛ l saure Sahne · 2 Eßl. Petersilie, frisch gehackt
Pro Portion etwa 2200 kJ/520 kcal
33 g Eiweiß · 35 g Fett · 23 g Kohlenhydrate

- Vorbereitungszeit: etwa 40 Minuten
- Garzeit: etwa 1½ Stunden

So wird's gemacht: Das Wasser mit dem Salz und dem Pfeffer zum Kochen bringen. • Das

Fleisch waschen und ins kochende Wasser legen. Das Fleisch im offenen Topf sprudelnd kochen lassen und den sich bildenden Schaum während der ersten 40 Minuten wiederholt abschöpfen. • Inzwischen den Weißkohl putzen, die Kohlblätter waschen und in Streifen schneiden. Die roten Bete schälen, waschen und 3 davon in Streifen schneiden. 1 rote Bete raspeln, mit dem Essig mischen und beiseite stellen. Die Petersilienwurzel und den Knollensellerie schälen oder schaben, waschen und in gleich kleine Würfel schneiden. Die Zwiebel schälen und ebenfalls würfeln. Das Weiße vom Lauch gründlich waschen und in Scheibchen schneiden. • Nach 40 Minuten Kochzeit das kleingeschnittene Gemüse (nicht die geraspelte rote Bete) zum Fleisch geben und alles zugedeckt bei schwacher Hitze in weiteren 50 Minuten garen. • Das Fleisch aus dem Topf nehmen und in Würfel schneiden. • Die Suppe mit der geraspelten roten Bete mischen, noch einmal kräftig abschmecken und die Fleischwürfel darin wieder erwärmen. • Die Suppe in Suppentellern anrichten, jede Portion mit etwas saurer Sahne und mit Petersilie garnieren.

Minestrone

Für die berühmte italienische Gemüsesuppe gibt es nicht nur ein Rezept, fast jede Region hat ihre eigene Variante.

Zutaten für 4 Portionen:
100 g getrocknete weiße Bohnenkerne · 2 Möhren · 2 mittelgroße Zucchini · 200 g Wirsingkohl · 1 große mehligkochende Kartoffel (etwa 250 g) · 1 l Wasser · 1 Teel. Salz · 1 große Zwiebel · 2 Knoblauchzehen · 1 Stange Staudensellerie · 400 g reife Tomaten · 1 Bund Petersilie · 2 Zweige frisches Basilikum · 50 g geräucherter durchwachsener Speck · 100 g

Langkornreis · 2 Eßl. Olivenöl · weißer Pfeffer, frisch gemahlen · 4 Eßl. Parmesankäse, frisch gerieben
Pro Portion etwa 2100 kJ/500 kcal
20 g Eiweiß · 21 g Fett · 61 g Kohlenhydrate

- Quellzeit: 12 Stunden
- Vorbereitungszeit: etwa 45 Minuten
- Garzeit: etwa 1 Stunde

So wird's gemacht: Die weißen Bohnen mit kaltem Wasser bedeckt 12 Stunden quellen lassen. • Dann die Möhren schälen, mit den Zucchini waschen und beides in Scheiben schneiden. Den Wirsing gründlich waschen, trockenschleudern und streifig schneiden. Die Kartoffel schälen, waschen und würfeln. • Das kleingeschnittene Gemüse mit dem Wasser, dem Salz und den Bohnen mit dem Einweichwasser zum Kochen bringen und zugedeckt bei schwacher Hitze 10 Minuten kochen lassen. • Inzwischen die Zwiebel und die Knoblauchzehen schälen und sehr klein würfeln. Vom Staudensellerie die groben Fäden abziehen, die Stangen waschen und in 1 cm dicke Stückchen schneiden. Die Tomaten mit kochendheißem Wasser überbrühen, häuten, vierteln und die harten Stielansätze entfernen. Die Kräuter waschen, trockenschleudern und kleinhacken. • Den Speck in Würfel schneiden. Den Reis mehrmals waschen und abtropfen lassen. • Das Öl erhitzen und den Speck und das Gemüse unter ständigem Umwenden darin anbraten. Den gut abgetropften Reis hinzufügen und in 5 Minuten glasig braten. • Die Gemüse-Reis-Mischung in die bereits kochende Suppe geben und in weiteren 30 Minuten bei schwacher Hitze darin garen. • Die Suppe zuletzt mit Pfeffer und, wenn nötig, noch mit etwas Salz abschmecken, anrichten und mit dem Parmesankäse bestreuen.

Flämische Hühnercremesuppe

Als Waterzooi ist sie den Flamen bekannt, es gibt aber auch eine Variante, die aus Seefischen gemacht wird.

Zutaten für 6 Portionen:
250 g Suppenknochen · 300 g Rindernacken · 2 Zwiebeln · 1 Stange Staudensellerie · 2 Stangen Lauch/Porree · 1 große Möhre · 1 Teel. Salz · 1 Poularde von etwa 1,5 kg · 2 Teel. Speisestärke · 2 Eigelbe · ⅛ l Sahne · weißer Pfeffer, frisch gemahlen · etwas Zitronensaft
Pro Portion etwa 2400 kJ/570 kcal
65 g Eiweiß · 30 g Fett · 9 g Kohlenhydrate

- Vorbereitungszeit: etwa 10 Minuten
- Garzeit: etwa 2 Stunden

So wird's gemacht: Die Knochen und das Fleisch waschen und von Wasser bedeckt zum Kochen bringen. Das Fleisch etwa 30 Minuten leicht sprudelnd kochen lassen und dabei wiederholt den sich bildenden Schaum abschöpfen. • Inzwischen die Zwiebeln schälen und achteln. Vom Staudensellerie die groben Fäden abziehen, die Stangen waschen und in kleine Stücke schneiden. Den Lauch von den Wurzelenden und den dunkelgrünen Blattspitzen befreien, die Lauchstangen längs halbieren, waschen und ebenfalls in Stücke schneiden. Die Möhre schälen, waschen und grobwürfeln. Das Gemüse mit dem Salz zum Fleisch geben. • Die Poularde in 8 gleich große Teile schneiden, gut waschen, ebenfalls zum Fleisch geben und, wenn nötig, noch so viel Wasser hinzufügen, daß alles davon bedeckt ist. • Die Poularde in weiteren 1½ Stunden in der Fleischbrühe garziehen, aber nicht sprudelnd kochen lassen. • Nach insgesamt 2 Stunden Kochzeit alles

Fleisch aus der Brühe nehmen, die Brühe durch ein Sieb gießen, das Gemüse mit dem Löffelrücken gut ausdrücken, dann wegwerfen. Die Knochen ebenfalls wegwerfen. Den Rindernacken für ein Haschee verwenden. • Das Hähnchenfleisch von Haut und Knochen befreien und in etwa 4 cm große Stücke schneiden. • Die durchpassierte Fleischbrühe in den Topf geben und wieder erhitzen. Die Speisestärke mit etwas kaltem Wasser anrühren. Die Eigelbe mit der Sahne und Pfeffer verquirlen. • Das Geflügelfleisch wieder in die Brühe geben und diese zum Kochen bringen. Die angerührte Speisestärke in die kochende Brühe rühren und die Suppe vom Herd nehmen. • Das Eigelb-Sahnegemisch unter die Suppe rühren. Die Suppe mit dem Zitronensaft, Salz und Pfeffer abschmecken.

Finnische Gemüsesuppe

Bild Seite 10

Weil Garnelen oder sogar Krebsschwänze in die Suppe gehören, ist sie für festliche Anlässe besonders gut geeignet.

Zutaten für 6 Portionen:
1 kleiner Blumenkohl · je 200 g Möhren und frische ausgepalte Erbsen · 3 mittelgroße Kartoffeln · 200 g grüne Bohnen ·
10 Radieschen · 100 g Spinat · 2 l Wasser ·
1 Eßl. Zucker · 1½ Teel. Salz · 2 Eßl. Butter ·
3 Eßl. Mehl · ⅛ l Milch · 2 Eigelbe · ⅛ l Sahne ·
weißer Pfeffer, frisch gemahlen · 400 g gegarte Garnelen oder Krebsschwänze · 2 Eßl. Dill, frisch geschnitten
Pro Portion etwa 1500 kJ/360 kcal
21 g Eiweiß · 16 g Fett · 32 g Kohlenhydrate

● Vorbereitungszeit: etwa 1 Stunde
● Garzeit: etwa 20 Minuten

So wird's gemacht: Alles Gemüse putzen und waschen. Den Blumenkohl in Röschen zerteilen und die groben Strünke abschneiden. Die Möhren und die Kartoffeln kleinwürfeln. Die grünen Bohnen in dünne gleich lange Stücke schneiden. Die Radieschen in Scheiben schneiden. Die Spinatblätter in Stücke reißen. • Das Wasser mit dem Zucker und dem Salz zum Kochen bringen, alles Gemüse außer dem Spinat hineingeben und zugedeckt bei schwacher Hitze 10 Minuten kochen lassen. Den Spinat hinzufügen und weitere 5 Minuten mitkochen lassen. • Die Suppe durch ein Sieb in eine Schüssel gießen. Das Gemüse warm stellen. Von der Kochbrühe 1 l abmessen. • Die Butter in einem großen Topf zerlassen, das Mehl darin unter Rühren hellgelb anbraten und nach und nach mit der Gemüsebrühe aufgießen. Die Milch hinzufügen und das Gemüse wieder in die Suppe geben. • Die Eigelbe mit der Sahne verquirlen. Die Suppe mit Salz und Pfeffer abschmecken, vom Herd nehmen und mit der Eigelbsahne verrühren. Die Garnelen oder die Krebsschwänze in der Suppe erwärmen. • Die Suppe in einer vorgewärmten Terrine anrichten und mit dem gehackten Dill bestreuen.

Französische Zwiebelsuppe

Bild 3. Umschlagseite

Für diese Suppe benötigt man vier feuerfeste Suppentassen.

Zutaten für 4 Portionen:
800 g Gemüsezwiebeln · 3 Eßl. Butter · ¾ l Fleischbrühe, selbst gekocht oder aus Würfeln ·
1 Eßl. Mehl · 8 Scheiben Stangenweißbrot von etwa ½ cm Dicke · ⅛ l trockener Weißwein ·
100 g Greyerzer Käse, frisch gerieben

Pro Portion etwa 1700 kJ/460 kcal
13 g Eiweiß · 22 g Fett · 33 g Kohlenhydrate

- Vorbereitungszeit: etwa 40 Minuten
- Backzeit: etwa 20 Minuten

So wird's gemacht: Die Zwiebeln schälen und in Ringe schneiden. • Die Hälfte der Butter in einem großen Topf zerlassen und die Zwiebelringe unter ständigem Umwenden darin glasig braten. • Die Brühe inzwischen erhitzen. • Das Mehl über die Zwiebeln stäuben und so lange unter Rühren mitbraten, bis es hellgelb geworden ist. Nach und nach mit der heißen Brühe auffüllen und zugedeckt 20 Minuten leicht kochen lassen. • Die Weißbrotscheiben in der restlichen Butter von beiden Seiten in einer Pfanne goldgelb braten. • Den Backofen auf 250° vorheizen. • Den Weißwein unter die Zwiebelsuppe mischen und die Suppe in vier Suppentassen verteilen. Auf jede Suppenportion 2 Scheiben Weißbrot legen und darauf den geriebenen Käse streuen. • Die Suppe auf der obersten Schiene im Ofen etwa 20 Minuten überbacken, bis der Käse geschmolzen und leicht gebräunt ist.

Jugoslawische Bohnensuppe

Zutaten für 4 Portionen:
200 g getrocknete weiße Bohnen · 1 Teel. Salz · 1 Prise schwarzer Pfeffer, frisch gemahlen · 2 Zwiebeln · 1 Knoblauchzehe · 1 Eßl. Schweineschmalz · 300 g gekochtes gewürfeltes Rindfleisch · 1 kleine Dose Tomatenmark · 200 g Maiskörner aus der Dose · 150 g frische gepalte Erbsen · 1 Eßl. Petersilie, frisch gehackt · ½ Teel. getrockneter Thymian · 1 Messerspitze getrockneter zerbrochener Rosmarin
Pro Portion etwa 2000 kJ/480 kcal
30 g Eiweiß · 19 g Fett · 48 g Kohlenhydrate

- Quellzeit: 12 Stunden
- Zubereitungszeit: etwa 2 Stunden

So wird's gemacht: Die Bohnen von Wasser bedeckt 12 Stunden quellen lassen. • Das Wasser dann abgießen und die Bohnen mit 2 l frischem Wasser, dem Salz und dem Pfeffer zum Kochen bringen. Die Bohnen zugedeckt bei schwacher Hitze etwa 2 Stunden kochen lassen. • Inzwischen die Zwiebeln und die Knoblauchzehe schälen und beides kleinwürfeln. • Das Schmalz in einem Topf erhitzen und die Zwiebelwürfel mit den Knoblauchwürfeln darin hellgelb anbraten. Die Rindfleischwürfel zu den Zwiebeln geben und kurz mitbraten. • Das Tomatenmark mit wenig Wasser anrühren und mit den Fleischwürfeln mischen. • Die Maiskörner und die Erbsen mit der Fleischmischung unter die weißen Bohnen rühren und alles weitere 10 Minuten leicht kochen lassen. • Die Suppe mit der Petersilie, dem Thymian, dem Rosmarin und eventuell etwas Salz würzen.

Viertelstunden-Suppe aus Uruguay

Zutaten für 4 Portionen:
400 g Seefischfilet · 200 g Fischabschnitte wie Flossen, Schwänze und Köpfe · 1–2 Teel. Zitronensaft · ½ Lorbeerblatt · 1 Teel. Salz · 400 g frische gepalte Erbsen · 1 Zwiebel · 1 reife Tomate · 2 Eßl. Öl · 4 Eßl. gegarter Langkornreis · 150 g gegarte Garnelen · 24 Austern · 2 Scheiben Weißbrot · 2 Eßl. beliebige Kräuter, frisch gehackt
Pro Portion etwa 1600 kJ/380 kcal
40 g Eiweiß · 10 g Fett · 32 g Kohlenhydrate

- Vorbereitungszeit: etwa 15 Minuten
- Garzeit: etwa 20 Minuten

So wird's gemacht: Das Fischfilet und die Fischabschnitte gründlich waschen. Das Fischfilet trockentupfen, mit dem Zitronensaft beträufeln und zugedeckt etwas ziehen lassen. • Die Fischabschnitte mit dem Lorbeerblatt, dem Salz und 1 l Wasser 10 Minuten sprudelnd kochen lassen. • Den Sud dann durch ein Sieb gießen und erneut zum Kochen bringen. Das Fischfilet in kleine Stücke schneiden und in den leicht kochenden Sud geben. • Die Erbsen hinzufügen und alles 6 Minuten ziehen lassen. • Die Zwiebel schälen und kleinwürfeln. Die Tomate mit kochendheißem Wasser überbrühen, häuten, kleinschneiden und dabei den Stielansatz entfernen. • 1 Eßlöffel Öl erhitzen und die Zwiebelwürfel darin glasig braten. Die Tomatenstücke hinzufügen, alles gut durchbraten und mit dem Reis und den Garnelen in die Suppe geben. • Die Austern aufbrechen, aus den Schalen lösen und mit der Flüssigkeit aus den Schalen in die Suppe geben. • Die Suppe vom Herd nehmen und warm halten. • Das Weißbrot in kleine Würfel schneiden und in dem restlichen Öl goldbraun braten. Die Brotwürfel mit den Kräutern vor dem Servieren über die Suppe streuen.

Chinesische Wan-Tan-Suppe

Wer sie original servieren möchte, braucht dafür unbedingt selbstgekochte Hühnerbrühe.

Zutaten für 4–6 Portionen:
200 g Mehl · Salz · 2 kleine Eier · 300 g Spinat · 250 g Schweinehackfleisch · 1 Eßl. Sojasauce · ½ Teel. frische geriebene Ingwerwurzeln · 1 l Hühnerbrühe, selbst gekocht oder aus Würfeln · 2 Möhren

Bei 6 Portionen etwa 1780 kJ/400 kcal
24 g Eiweiß · 16 g Fett · 38 g Kohlenhydrate
pro Portion

● Vorbereitungszeit einschließlich Ruhezeit: etwa 1½ Stunden
● Garzeit: etwa 15 Minuten

So wird's gemacht: Aus dem Mehl, 1 Prise Salz und den Eiern mit 1–2 Eßlöffeln kaltem Wasser einen festen glatten Teig kneten. • 1 l Wasser mit etwa 1 Teelöffel Salz zum Kochen bringen. • Den Spinat putzen und waschen. 50 g Spinat beiseite stellen, den restlichen ins kochende Salzwasser schütten, den Topf vom Herd nehmen und den Spinat 8 Minuten im heißen Wasser ziehen lassen. Die Blätter dann ausdrücken und feinhacken. • Den gehackten Spinat mit dem Hackfleisch, der Sojasauce und dem Ingwer mischen. • Den Nudelteig dünn ausrollen und in etwa 7 cm große Quadrate schneiden. Jedes Quadrat mit 1 gehäuften Teelöffel Spinatfüllung belegen. Die Teigränder anfeuchten, die Quadrate zu Rechtecken zusammendrücken und diese aufrollen. Die Rollenenden ebenfalls gut zusammendrücken. • Die Teigrollen 30 Minuten ruhen lassen. • Die Hühnerbrühe zum Kochen bringen. Die Möhren schälen, waschen, längs einkerben und in hauchdünne Scheibchen schneiden. Die Möhrenscheiben in der Hühnerbrühe etwa 10 Minuten garen. • Die Teigrollen in die Brühe legen und 5 bis 7 Minuten im kochenden Wasser garziehen lassen. • Den restlichen Spinat in Stücke reißen und in die Brühe geben.

Rezept- und Sachregister

Kursiv gesetzte Seitenzahlen verweisen auf Farbbilder.

Die Französische Zwiebelsuppe ▷
wird vor dem Servieren mit Käse
überbacken. Man benötigt dazu
feuerfeste Suppentassen oder
-teller. Rezept Seite 52.